Karl Schauer

Textkritische Beiträge zu den Coutumes du Beauvaisis des Philippe de Beaumanoir

Karl Schauer

Textkritische Beiträge zu den Coutumes du Beauvaisis des Philippe de Beaumanoir

ISBN/EAN: 9783743694187

Hergestellt in Europa, USA, Kanada, Australien, Japan

Cover: Foto ©Thomas Meinert / pixelio.de

Weitere Bücher finden Sie auf **www.hansebooks.com**

Textkritische Beiträge
zu
den Coutumes du Beauvaisis
des
Philippe de Beaumanoir.

Inaugural-Dissertation

zur

Erlangung der philosophischen Doktorwürde

der

hohen Philosophischen Fakultät

der

vereinigten Friedrichs-Universität Halle-Wittenberg

vorgelegt von

Karl Schauer
aus Rostock.

Halle a. S.
Hofbuchdruckerei von C. A. Kaemmerer & Co.
1890.

Meinen lieben Eltern

als Zeichen der Dankbarkeit

gewidmet.

Einleitung.

Die Coutumes du Beauvaisis des Philippe de Beaumanoir aben bis jetzt in philologischen Kreisen noch nicht die eachtung gefunden, welche sie verdienen. Der Grund dieser Irscheinung ist vermutlich der juristische Titel des Werks, nd so kommt es, dass dasselbe nur von Rechtsgelehrten herausegeben und behandelt ist, in deren Wissenschaft es eine ledeutung einnimmt, die am besten dadurch characterisiert vird, dass Brunner (Zfr. der Savigny-Stiftung für Rechtseschichte, Bd. XVII (1883 p. 232) es dem deutschen Sachsenpiegel an die Seite stellt. Und doch stellt das Werk auch ür den Philologen inhaltlich und sprachlich eins der interessantesten Denkmäler der französischen Litteratur des Mittelalters dar: inhaltlich, weil es das Kulturbild des alten Frankreich unter Ludwig IX (1226-70) wesentlich vervollständigt insbesondere auch in Bezug auf die nicht hof- und damit auch nicht romanfähigen Kreise, ferner wegen der überall zu Tage tretenden Individualität des Verfassers, die in seinen poetischen Werken unter der Einwirkung der damals üblichen Behandlung der Stoffe und der typischen Diction fast erstickt ist; stylistisch wegen der Eleganz und Klarheit der Sprache, die vielfach an die des Neufranzösischen erinnert. (Vgl. Oeuvres poétiques, hersgb. von Suchier Bd. I,ı; die Einleitung von Beugnot's Ausgabe und Hist. litt. XX 356 ff.)

Da die Coutumes also sowohl nach Seiten der Kulturgeschichte wie der Sprache für den Romanisten interessant sind, verdienen sie es wohl, den Lesern in einer ihrem Werte entsprechenden Gestalt vorgelegt zu werden. Die vorliegende Arbeit bezweckt, soweit das zugängliche Material es erlaubte, einige textkritische Beiträge zu liefern, um vorläufig den vorhandenen Ausgaben als Ergänzung zu dienen, bis eine auf Grund aller Hss. gegebene kritische Ausgabe erscheint.

Ausgaben.

Die Coutumes du Beauvaisis sind bis jetzt zweimal ediert, zuerst von

1. *Gaspard Thaumas de la Thaumassière, Bailly du Marquisat de Chasteau-neuf-sur-Cher, avocat en parlament, Bourges et Paris 1690*, zusammen mit den „Assises et Bons Usages du Royaume de Jérusalem." Nach anderthalb Jahrhunderten erschien dann:

2. *Les Coutumes du Beauvaisis, par Phil. de Beaumanoir. Nouvelle édition publiée d'apres les manuscrits de le Bibliothèque Royale, par le Comte Beugnot.* 2 voll. Paris 1842. Herausgegeben im Auftrage der Société de l'histoire de France. Der zweite Herausgeber urteilt über die Arbeit des ersten (CXXV ff.): .... il était difficile de l'imprimer avec plus de négligence. La ponctuation est jeteé avec hasard et sans aucun rapport avec le sens; des mots qui devraient être séparés sont réunis, et souvent d'un seul mot on en a fait deux, en telle sorte que la lecture d'un auteur dont le style est précis et clair devrent difficile et fatigante ..... il est évident que ni l'éditeur ni l'imprimeur n'ont corrigé les épreuves de cette édition des C. d.' B., et que nous avons sous les yeux le simple travail d'un compositeur d'une imprimerie de province." Fast dasselbe ist Hist. litt. XX$_{393}$ von F. L.

(Félix Layard) darüber gesagt. Nichtsdestoweniger hat Thaumassière's Ausgabe ihren Wert durch die grosse Gelehrsamkeit, welche in den angehängten „Notices et Observations" niedergelegt ist, aus denen der Jurist sachliche Belege, der Philologe dialectische Formen, die in den abgedruckten Urkunden sich befinden, schöpfen kann.

Der grosse Fortschritt der Ausgabe Beugnot's liegt in der von ihm durchgeführten, recht sorgfältigen Interpunktion; ferner druckte und nummerierte er zuerst die handschriftliche Einteilung in Paragraphen.

Überlieferung.

Ehe der hier am meisten in Betracht kommende Wert der beiden Ausgaben in Bezug auf die Textgestaltung besprochen wird, ist es nötig, einen Blick auf die vorhandenen Hss. zu werfen, die an dieser Stelle mit ihren heutigen Signaturen zusammengestellt werden mögen, da ein vollständiges Verzeichnis noch nirgends gegeben ist.

Die Bibliothèque nationale zu Paris hat 7 Hss. der Coutumes (vgl. Delisle, Inventaire général et méthodique des mss. français de la Bibl. nat. I. II. Paris 1878).

I. 11652 (Lamoignon). Ende des 13. sc.

Beugnot giebt keine Signatur dieser Hs. an, Hist. litt. XX_{891} bedauert merkwürdiger Weise die Hs. nicht haben finden zu können. Jedenfalls ist sie eine der ältesten; vgl. Thaum. Avertissement.

II. 18761 (Harlay). Früher 425, bei Beugnot 4^0.

Er nennt sie A und legt sie seiner Ausgabe zu Grunde. — Nach Beugnot fälschlich Ende des 13 sc., Hist. litt. XX_{392} setzt sie auf Grund der Stelle Bd. I. p. 77 Z. 26 richtig ins Jahr 1315. (A).

III. 4516 (Colbert). 14 sc., geschrieben vom Baudouin, l'enlumineur de Noyon. Früher $\frac{9440}{6}$, bei Beugnot B genannt,

Grundlage der Ausgabe von Thaumassière. Jedenfalls wurde diese Hs. nach 1318, dem Todesjahr Roberts von Clermont geschrieben, wie ihre Lesart „*fils jadis du saint roy Loys*" (vgl Be. p. 11,$_{16}$) zeigt. Dasselbe dem Personennamen nachgestellt „*jadis*" = verstorben findet sich in der bei Thaum p. 358 abgedruckten Urkunde vom J. 1317: *rois jadis*.

IV. 24059 (Missions). Früher 153, bei Beugn. 6⁰. Papierhs. aus dem Jahr 1443.

V. 24060 (Notre-Dame). Früher 121; Be.'s 5⁰. Papierhs. von 1493, geschrieben von Jean le Mercadé, jadis maire de Beauvais. Nach Beugnot Copie von A, nach Hist. litt. XX$_{392}$ ihr sehr nahe stehend. — Diese Hs. ist offenbar identisch mit der von Roquefort, Table alphabétique zu seinem Glossaire erwähnten Hs. 18, Eglise de Paris; er giebt als Schreiber freilich Jeh. Boullard, prêtre, an, der aber vielleicht der Besitzer war.

VI. 5338 (Colbert). Beugnot: 3⁰; früher $\frac{5850}{1}$ Papierhs. aus dem 15. sc.

VII. 5357 (Mazarin). Früher 9850, Beugnot: 2⁰; 16 sc. Fragment, bricht im 42. Kapitel ab. Durch dies Bruchstück wurde Thaumassière auf die Coutumes aufmerksam gemacht und zu seiner Ausgabe angeregt.

VIII. Bibliothèque de *Troyes.*

615 (Bei Beugnot CXXVII ohne Signatur erwähnt).

IX. Bibliothèque d' *Orléans.*

401 (nach dem Catalogue général des manuscrits der bibliothèques de France. B. 8⁰), früher 343 (Septier, Manuscrits de la bibliothèque d' Orléans. Orl. 1820 p. 186) Hs. aus dem 18. sc; umfasst die ersten 68 Kapitel.

X. Bibliothèque de *Carpentras.* Collection Peirese XIX vgl. Hist. litt. XX$_{408}$, Montfaucon, Bibliotheca Bibliothecarum, II$_{1187}$ und Lambert, Catalogue descriptif des manuscrits de la bibliothèque de Carpentras. Tome II p. 86.

XI. Eine Hs., welche nach Angabe des frühern Besitzers der unter XVI aufgeführten Hs. ein Abbé de Danse, Kanonikus de Kirche von Beauvais, besass und mit Noten versehen hatte. Verbleib mir unbekannt.

XII. Die *Copie*, welche M. Chuppé, avocat en la court, „a fait tirer d'un ancien original." Vgl. Thaum. Avertissement; von ihm benutzt. Verbleib unbekannt.

XIII. Die *Copie*, welche M. Ricard angefertigt hatte, um sie drucken zu lassen, zu Thaum.'s Zeiten im Besitz des Buchhändler Guignard und Seneuze in Paris. Vermuthlich hat auch Carondas zu seiner projectierten Ausgabe eine Abschrift genommen. Vgl. Thaum. Avertissement.

XIV. *Vaticana*, Rom.

1055 · (Bibliothèque Alexandrine ou de Christine, reine de Suède) vgl. Langlois, Notices des mss. français et provençaux de Rome antérieurs an XVI siècle = Bd. XXXVIII der Notices et Extraits. Paris 1890). Geschrieben von Durant li Normant in Picquigny bei Amiens, datirt 1301. — Vgl. Beugnot CXXVII Anm. 2, Hist. litt. XX$_{408}$, beide erwähnen die Hs. ohne die Signatur zu geben. Roquefort a. a. O. bemerkt Thaum. habe diese Hs. benutzt, wovon dieser selbst nichts sagt; auch ist dies schon deshalb nicht wahrscheinlich, weil Christine 1689 erst starb, und Thaum. Ausgabe schon 1690 erschien. — Nach den bei Langlois p. 95 gegebenen Proben scheint die Hs. dem Dialect nach der Hs. III, dem Text nach den Hss. III und XVI nahe zu stehen.

XV. *Ottoboni* 1155, Vaticana, Rom. vgl. Langlois 283 ff. Dialect picardisch; nach den mitgeteilten Proben ziemlich flüchtig geschrieben. Diese Hs. ist nicht, wie Layard, Hist. litt. XX vermutet, mit der vorigen identisch.

Hierzu kommt endlich

XVI. die in der *Königl. Bibl.* in *Berlin* befindliche Hs. *Hamilton* 193, welche eine besondere Wichtigkeit beanspruchen darf. Die Aufmerksamkeit auf dieselbe lenkte zuerst Brunner, a. a. O. p. 232, dazu ein Nachtrag vom 28. Dezember 1883. Die Hs. wird kurz beschrieben und zu einer Untersuchung derselben aufgefordert, die als wünschenswert und lohnend bezeichnet wird.

Ausführlicher handelt dann darüber G. Blondel, Nouvelle Revue historique de droit français et étranger. 1884 p. 213 ff.

(Notes sur quelques manuscrits de la bibliothèque royale de Berlin). Zu seiner Beschreibung der Hs. ist noch Folgendes hinzuzufügen. Auf dem vorgesetzten Blatt Papier steht ausser dem bei Blondel Abgedruckten noch: Coutumes du Beauvaisis par Phil. de Beaumanoir, né à Remi, près Pont Ste. maxence, Diocèse de Beauvais, grand Bailli de Clermont en Beauvaisis, du tems de St. Louis. Les savants etc. ...; zum Schluss: Si l'on travailloit à une édition nouvelle je pourrais communiquer un autre manuscrit moins ancien, mais qui a son mérite, joint surtout aux notes du savant (nächste Wort ist unleserlich) M. l' Abbé de Danse, Docteur de la maison et Société de Sorbonne, chanoine de l'église de Beauvais. Bucques de Bracheux. X^{bre} 1784. —

Kleinere Stücke der Coutumes sind gedruckt: In dem angeführten Aufsatz von Blondel (Cap. I § 16 Z. 1 — p. 32 Z. 1; XIV p. 241 Z. 4 — 6; Bd. II. Cap. XLI p. 153 Z. 4, 5, 7.) nach Beugnot und der Hamilton Hs; ferner mit unbedeutenden Änderungen bei *Langlois*, Textes relatifs à l'histoire du parlament jusquà 1314. Paris 1888 (Bd. II Cap. LXI §. 63; Cap. LXV §. 13, Cap. LXVII §. 27 z. Teil.)

Es heisst daselbst über Beugnot's Ausgabe: L'édition de M. Beugnot n'est pas excellente en général, mais pour les passages cités, elle est suffisante, cp. cependant l'édition de la Thaumassière 1690 et surtout le ms. 4516 (= III) de la Bibl. nat. — Zu den Mängeln der Ausgabe Beugnot's gehört, dass er die Varianten ganz willkürlich giebt, und sein Princip, die Abweichungen zu geben, die ihm passend erschienen „á éclairer la pensée de l'auteur" durchaus nicht consequent durchführt. Übrigens sind seine Varianten mit Vorsicht zu benutzen; viele sind falsch und ungenau; diejenigen, wo Thaum. falsch citiert ist, habe ich in einem Anhang zusammengestellt.

Während Langlois, wie angeführt, die Wichtigkeit der Hs. 4516 (B) betont, meint Beugnot die Hs. 18761 (A) sei ebenso gut — wie weit er darin Recht hat, wird aus der folgenden Arbeit zu ersehen sein —; er entscheidet sich dann für A, weil dieses oft bessere Lesarten hätte und in dem leichter verständlichen francischen Dialect geschrieben wäre. In der That ist nun A für die Textkritik nicht unwichtig, aber schon ein flüchtiges Durchsehen der Varianten bei Beugnot (Be) genügt, um zu zeigen, wie oft er die Lesart von Thaumassière (T), respective B in seinen Text aufnahm, so dass er hierin sich selbst widerlegt.

Der äusserliche Grund, der ihn bewog, den francischen Dialect vorzuziehen, kann ihm als Juristen nicht verübelt werden, doch hätte er sehen können, dass gerade A, wenn auch nicht ganz rein, so doch überwiegend picardisch ist (vgl. die Behandlung des c vor lat. a, den weibl. Artikel „le"), während andererseits gerade B (T), die er als picardisch hinstellt, viel mehr zum francischen Dialect neigen. Dies näher zu begründen ist jetzt unnötig. Die Hs. H nun ist in Bezug auf den Dialect fast rein francisch gehalten, vielmehr als TB, deren lautliche Gestaltung derjenigen der Oeuvres poétiques am nächsten steht, was ja bei der Heimat des Schreibers von B, Noyon, Depart. Oise, nahe liegt. Die einzigen Spuren des Picardischen, die sich in H finden lassen, sind: das Auftreten von „le" als weibl. Artikel, zuerst ganz sporadisch (p. 36, 8; 52 XVII$_2$, 64 III$_2$, 66 XII$_6$ u. s. f.) dann in kleineren Intervallen, bis es nach p. 180 nur noch selten auftritt. Vielleicht war die Vorlage picardisch geschrieben, und der Schreiber nahm die Form gedankenlos mit herüber.

Ein einziges Mal findet sich *se cause* für *sa cause* 64 III$_2$; endlich finden sich öfter die picard. Formen des betonten Possessiv miue, tiue, siue. z. B. 23 IX$_7$, 203 XXVIII$_7$. Im übrigen ist der Dialect rein francisch. Wenn Brunner meint, Sprache und Orthographie von H schienen älter zu sein als die von A, so lässt sich diese Behauptung kaum begründen; die Schrift beider Hss. liegt ja zeitlich nicht weit auseinander.

Bemerkt möge werden, dass H noch überwiegend die regelmässigen Conj. Präs. 3. sg. der 1. sw. Conjugation zeigt (parot 35 XXIII$_2$, demant 47 V. 5; esploit 469 XII$_8$; emport 92 VIII$_3$; jurt, maint u. s. f., während A mehr zu den späteren analogisch gebildeten Formen auf „e" neigt.

Auf die dialectische Gestaltung der Worte wird im Folgenden nicht eingegangen werden, einmal wegen des nicht vollständig vorliegenden Materials, und dann, weil bestimmte Kriterien kaum aufzustellen sind, die schon bei den Poesieen spärlich fliessen, und endlich, weil bei dem vielgewanderten Schriftsteller viele Entlehnungen aus andern Dialecten zu vermuten sind. Man wird sich damit begnügen müssen den Dialect von B nach seinem Entstehungsorte als dem ursprünglichen am nächsten stehend anzusehen, wenn man mit Suchier der Ansicht ist, dass Beaumanoir sein Werk im Dialect von Clermont schrieb.

Die Citate sind im folgenden Teil nach Seitenzahl, Paragraph und Zeilenzahl des letzteren nach der Ausgabe von Beugnot gegeben.

Band I. Prologue.

P. 11, Z. 11. *noz donnent talent.*
Ebenso die anderen Hss.
Be. Anm. 2 bemerkt „*pour donne*". Dieses ist in den Text einzuführen, weil als Subject des Satzes nur „*La grans esperance que nous avons de l'ayde celi etc.*", also ein Singular, aufgefasst werden kann. Der Plural der Hss. ist daraus zu erklären, dass ein Schreiber in dem etwas complizierten Satze aus der Construction fiel, und die 3 Personen der Dreieinigkeit, von denen kurz vor dem Praedikat die Rede ist, zum Subject machte.

P. 11, Z. 21. *Robert, fix du saint roy Loys, roy de France.*
H.: *fils dou roy de France.*
T.: *fils jadis du saint roy Loys, roy de France.*
Wenn auch nicht absolut widerlegbar, so ist doch nicht wahrscheinlich, dass Beaum. der 1296 starb (Oeuvres poétiques XII), von Ludwig IX, der 1297 canonisiert wurde (Lalanne, Dictionnaire historique sp. 1167) als „*saint roy Loys*" spricht. Auffällig ist auch die 2 silbige Form Loys, wo doch in den Gedichten (J. Bl. 4771, 4922, 5310, 6073) sich die 3-silbige „*Loëis*" findet. Am besten erscheint die Lesart H.; vgl. Cap. X § 1$_2$*): *mesires qui est fix du Roy de Franche..* (in allen Hss.) und Joinville, Hist. de Saint Louis, I$_1$, wo dieselbe Titulatur gebraucht wird.

P. 12, Z. 7. *lors poons parfaire ce lievre.* H.T.: *leurs.*
lors als Adverb der Zeit giebt hier garkeinen Sinn;

---

*) Wo nicht besonders angegeben, beziehen sich die Citate auf Bd. I der Coutumes.

als Pron. pers. hat es bekanntlich niemals ein s gehabt, man lese also *lor (leur)*, bezüglich auf *proisme*.

P. 12, Z. 9. *La seconde si est.*

H. T. *La seconde raison si est.*

In diesem Fall und ähnlichen sind HT vorzuziehen, denn Beaum. liebt es, in derartigen Aufzählungen und Dispositionen überall die erste Formel zu wiederholen, wie das in der Natur des juristischen Styls liegt. Die Hs. A sucht an solchen Stellen möglichst zu kürzen. Man vgl. Z. 19, wo alle Hss.: *la tierce raison si est...* haben; Cap. I, § 3—11 fangen mit der Formel: *La... nertus que li baillis doit avoir* oder einer dasselbe bedeutenden an, wo HT stets wiederholen, A aber in § 5, 6, 9 kürzt. Indess zeigt auch A oft noch das Ursprüngliche, so p. 138 ff. § III-VII, p. 150 III—VIII, XII—XIV, p. 158 III, IV, VII etc. — Die einzelnen Stellen werden unten in ihrer Reihenfolge aufgeführt werden.

P. 13, Z. 5. *noz entendons à finer grant partie de cest livre.*
HTB.: *entendons à confermer.*

finer, beendigen, giebt keinen rechten Sinn: Beaum. will nicht einen Teil seines Werks durch die seiner Zeit gefällten Urteile abschliessen — dem widerspricht schon Inhalt und Disposition des Buches — sondern die aufgeführten Dinge sollen dazu dienen, seine Worte zu stützen, *confermer*. — *l'autre partie* — *l'autre partie* bedeutet teils—teils, mit ähnlicher Verwendung des bestimmten Artikels wie bei Bruchzahlen.

P. 13, Z. 10. *cas douteus.*

Hier möge die Lesart H.: *cas doutans* erwähnt werden, wenn sie auch schwerlich die ursprüngliche ist. Wenn man kein Versehen des Schreibers annimmt, was bei einer so sorgfältig geschriebenen Hs. wie H nicht wahrscheinlich ist, so wäre in dem *dotans* = was anzuzweifeln ist, ein Partic. praes. mit nicht einfach activem oder reflexiven Sinn zu sehen, und dasselbe den Beispielen bei Tobler, Verm. Beiträge p. 37 beizufügen, wo *dotant* nur in der Bedeutung furchtbar, Sache, um die man besorgt ist, angeführt ist. — Da mir weitere Belege für *dotant* = zweifelhaft nicht bekannt sind, sei obige Vermutung mit aller Reserve ausgesprochen. — p. 33$_9$ hat H wie die andern Hss. *douteus*, ebenso Bd. II, 98 XVIII$_4$.

P. 14, Z. 13 *que les persones sont si diverses.*
HT.: *que les coustumes* . . . . .
persones giebt keinen Sinn, während *coustumes* einleuchtend ist: die Notwendigkeit einer schriftlichen Aufzeichnung zeigt sich darin, dass die Gewohnheitsrechte so auseinander gehen, dass nicht zwei chastbeleries dasselbe Recht haben.

P. 14, Z. 17 *laissier à prendre et à retenir les coustumes.*
HT. *à aprendre*:
à prendre giebt schiefen Sinn, während *à aprendre et à retenir* eine gute Verbindung darstellt. Vgl. 19; *en aprent on et retient on les autres.*

P. 14, Z. 25 *quiert . . . l'ayde de son conseil et la benivolence d'eus.*
H.: *s'aide et la begnivolence de ceus de son conseil.* — T.: *quiert aide . . . wie H.*
: Die ungeschickte Ausdrucksweise von A ist Beaum. kaum zuzutrauen. Es ist H dafür einzusetzen, und nur dessen *s'aide* in *l'aide* zu ändern. *ceus* mit folgendem Genitiv findet sich öfter bei Beaum. zur Umschreibung eines Collectivs, dessen einzelne Teile Personen sind; so p. 23, IX$_6$ dasselbe *ceus de son conseilg*, p. 23, IX$_{10}$ *ceus de sa mesnie*.
: P. 15, Z. 5 *qui mix . . . vient prier.*
T.: *veut*, H.: *vieut*.
Da Beaum. *venir* vor Infinitiven in der Weise wie es nfr. gebraucht wird nicht kennt (in der Coutumes findet sich kein beweisendes Beispiel), so ist HT vorzuziehen, die auch einen praegnanteren Sinn geben: „die am besten zu bitten pflegt." *vouloir* hat hier die von *Weber*, „Über den Gebrauch von devoir, laissier, pooir etc. im Altfranzösischen" Berl. Diss. 1879 p. 28 besprochene Verwendung.

Capitres I.

P. 17, § II₅, *cele rertus est apelée sapience, qui vaut autant comme estre sages.*
    H.: *car autant vaut estre sapiens comme* ....
    BT.: *car autretant vaut estre* ....
    HTB. sind ansprechender und geschickter in der Form, insofern sie Adjectiv durch Adjectiv erklären, und man ist wohl berechtigt, die bessere Ausdrucksweise eher Beaum. als dem Schreiber zuzuteilen. Gegen den relativischen Anschluss spricht p. 98, I₁₀ ... *apelent libeles,* [*et autant vaut demande comme libele,* und 123₁, — *autant valent exceptions dilatoires comme dire etc.*

P. 18, IV₂, *sans vilonie et sans rancune.*
    H.: *sans orgueilg, sans felonnie et sans crualté.* — TB.: *sans felonnie et sans crualté.*

Die Lesart TB ist vorzuziehen, da in der weiteren Ausführung Z. 5—6 es heisst die geforderten Eigenschaften dürften nicht zur Anwendung kommen bei Missethätern, denn gegen solche müsse man gerade *monstrer semblant de cruauté et de felonie et de force de justice.* Vgl. auch p. 19₂: *on ne doit pas tenir le bailli por sage qui vers toz est fel et cruels.*

P. 18, IV₉, *doit garir et le met en peril de mort.*
    HT.: *et fehlt.*

Wenn auch Be's Lesart verständlich ist, so ist doch HT besser, indem Beaum. offenbar einen analogisch gebauten Satz bilden wollte, und dieser durch Weglassung des „*et*" hergestellt wird: *comme li mires qui laisse* ... *le met en peril de mort: tout aussi li baillis qui est debonnaires* ... *met ceux etc.*

P. 19, V$_3$, *le baillis qui est trop hastius de reprendre.*
HT.: *de respondre.*

Letzteres ist vorzuziehen; in dem Zusammenhang kommt es nicht darauf an, dass der bailli voreilig tadelt, sondern überhaupt, dass er die Parteien nicht unterbricht. *respondre* entspricht dem *soufrans et escoutans*, (Z. 1) wie *se tourment et courouce* dem *sans li couroucier ne mouvoir.*

P. 20, VI$_1$, *La quinte vertus si est.*
HT.: ... *vertu que cil qui s'entremet de baillie garder doit avoir en soi si est.*

Die Gründe zur Beibehaltung des Zusatzes siehe zu p. 12$_9$.

P. 21, VII$_{18}$, l.: *tele maniere.* T. H.

P. 21, VII$_{19}$, l.: *amassent.* H. (p. 22$_{10}$ trenne *par—aler*).

P. 22, VIII$_1$, *qui doit estre en bailli, que il.*

HT.: .... *bailli si est qu'il*

si est, das schon nach Analogie von § VI, VII etc. anzusetzen wäre, darf hier deshalb nicht fehlen, weil der Satz sonst kein Prädikat hätte.

P. 23, IX$_1$, *L'uitisme vertu si est.*

HT.: *vertu qui doit estre en celi qui s'entrement de baillie maintenir (T tenir) si est*.. Vgl. zu 12$_9$.

P. 24$_9$, *et ce qui apartient à son office.* (= B).
H.: *et à ce apartient*....
T.: *et ce apartient.*

Be's Text giebt einen ungenauen Sinn, da man darnach *et ce qui* etc. als Object zu *sara fere* fassen müsste. H ist sinnlos, T hat das Richtige. Man vergleiche im folgenden die analog gebauten Sätze Z. 12: *et bien apartient à office*; Z. 20: *et à ce fere est il tenus.* Es werden eben die einzelnen Eigenschaften aufgezählt, die zum Amte des bailli gehören.

P. 25$_{19}$, *qui du tout veut ouvrer sans croire conseil d'autrui.*
HT.: *ouvrer de soi sans* ..

Letztere Lesart hebt den Gegensatz schärfer hervor.

P. 26$_{3, 6}$, l.: *saconde, tierce raison si est.* HT. vgl. 12$_9$.

P. 27$_1$, *pour soi escuser de son blasme.*
HT.: *soi eschiver.*

soi eschiver d'aucune rien (vgl. Bartsch. Afr. Chrest.⁵ 212₃₄) ist vorzuziehen, da es sich um etwas Zukünftiges handelt, das vermieden werden soll. *soi excuser* würde voraussetzen, dass bereits etwas geschehen ist, weswegen der bailli sich entschuldigen müsste. — Sonst gebraucht Beaum. das einfache *esquiver*, so 322₁₈, 432, LXVI₉.

P. 28, XIII₅, *ou les baillis font les jugemens.*
HT.: *les baillis les font.*

HT dürften vorzuziehen sein, da dadurch die ungeschickte Häufung von *fet (font) les jugemens* vermieden wird.

P. 29, XIV₃, *il n' en a nul en le conté de Clermont qui les face.*
HT.: *qui les face fehlt.*

Die Worte werden Zusatz eines Schreibers sein, da sie sich so sehr ungenau ausdrücken, insofern man nicht gut sagen kann: „ein Ort fällt Urteile," auch wäre das kein Gegensatz zu *homes de le cort de fief*. Das „*en*" auf *.i bailliu* zu beziehen ist nicht möglich, weil es nur *einen* bailli für die Grafschaft gab. Vgl. p. 11₂₀.

P. 31, XVI₁.₂, *Li baillis n' a pas pooir de fere bonnage ne de vendre l'iretage son seigneur.*
HT.: *fere bonnage ne devise entre l'iretage son seigneur.*

Be's Lesart giebt keinen Sinn. Wie sollte der bailli dazu kommen, das Erbe des Lehnsherrn zu verkaufen, oder das eines anderen, und in welchem Zusammenhange stände das mit *fere bonnage*, die Grenzsteine setzen? HT. geben das Richtige: *bonnage et devise* sind synonyme Begriffe, „das Gebiet abgrenzen und abteilen". Dieselbe Verbindung vgl. p. 44, LXII₃ wo alle Hss. haben: *Li baillis... ne pot metre.. ne fere bonnage ne devise de l'iretage son seigneur*, und p. 325 IV₅, *fere certaines bones ne devis*.

P. 32, XVII₃, *se li detteur requierent repit, il ne li pot doner*. HT.: *leur pot*. Der Plural *li detteur* verlangt *leur*.

P. 33₇, *aussi seroit il, se il le meffesoit pour..*
HT.: *se il fesoit.*

Be's Lesart ist schlecht, da sich „*le*" nur auf *droit*

beziehen kann, und *meffere le droit* ein sonst in den Cout. nicht verkommender Ausdruck ist. Auch würde dann das „*donrroit le droit*" der nächsten Zeile sehr ungeschickt sein. Besser ist HT *se il fesait*, das verb. vicarium für *taurroit le droit* des vorhergehenden Satzes wäre. Am wahrscheinlichsten ist wohl zu lesen: *se il se mesfaisoit pour grans dons*, besonders wegen Z. 10: *qu'il ne se meffeïst plus tost por le grant don*...

P. 34$_5$, 1: *autres persones* HT.

P. 36$_1$, *bien apert que se li home fesoient.*

HT.: *apert; car se li home...*

Vor *que* ist ein Semicolon zu setzen, da es wie HT zeigen, gleich „denn" ist. Et *bien apert* bezieht sich auf das Verhergehende, nicht etwa auf das Folgende. Dafür, dass HT hier massgebend sind, spricht der bessere Sinn von *que* = *car*. Der Graf soll nicht Richter und Partei in einer Person sein. Und wohl leuchtet das ein, denn sonst kann das Urteil nur durch Appell an den König umgeändert werden, während wenn der Graf nur *partie* ist, er selbst das Urteil aufheben kann.

P. 36$_{14}$, *car li vilain cas sont si vilain.*

HTB.: *li (les) ces sont...*

Be's Lesart ist wohl nur ein Versehen des Schreibers. *li cas* bezieht sich auf „*de murdre ou de traïson*, wobei der Artikel die Rolle des Demonstrativums hat.

P. 37, XXIX$_8$, *u capitre de refuser les baillis.*

HT.: *chapitre qui parole de refuser les juges.*

Letzteres vorzuziehen, da das betreffende Kapitel, XLVI, nach Inhaltsangabe und Überschrift „*parole de refuser les juges*.

P. 38, XXXI$_{13}$, *Neporquant grans anuis seroit...*

...*querele. Il soufist..*

HT.: *Nepourquant pour ce que grans...*

Die Fassung HT ist dem Style Beaum.'s viel angemessener als die bei Be. Führt man sie ein, so würde hinter *querele* ein Comma zu setzen sein und *il soufist* etc. als Hauptsatz in das Satzgefüge mit aufgenommen werden müssen. Die asyndetische Anknüpfung des kurzen Satzes „*il soufist* ist ganz gegen Beaum.'s Manier.

P. 44, LXII$_6$, *fermes qui ont esté acoustumées et bailliés* (l. baillies) *autrefois par les baillis*.

HT.: *acoustumées à baillier*.

Be's Lesart giebt keinen Sinn; dieser wird durch die geringe Abweichung in HT hergestellt: der bailli darf nur den Teil des Besitztums verkaufen, über den seine Vorgänger gewohnheitsmässig verfügten.

P. 44, LXII$_{11}$, Statt des Semicolons hinter *seigneur* muss ein Comma stehen (wie bei T), da sonst der Hauptsatz zu *et s'il fet* etc. fehlen würde.

Capitres II.

P. 47, VI$_8$, *esqueles cil qui fist semonre demande...*
H.: *cil qui desirent semonre demandent*.
T.: *cil qui firent semonre demandent*.

T am besten. Dass der Plural stehen muss, zeigt das Folgende (Z. 9): *les doit oir, lor doit fere*; dass ein Tempus der Vergangenheit nötig ist Z. 6: *qui est semons*.

P. 47, VI$_{10}$, *quant il le vonra requerre*.
H.: *vorra*. B.: *voldra*. T.: *vourra*.

Vgl. zu 15$_5$. *venra* ist wohl nur aus *voura* verlesen; dieses steht in der von Weber a. a. O. p. 24 besprochenen Verwendung zur Umschreibung eines Futurs mit präsentischem Sinn, = *quant partie le requiert*.

P. 48, VIII$_4$, *qu'il soit mis en trois deffautes, toz sans les jors*.
T.: *tout* H.: *Tot sans les jours*.

Tobler's, Beiträge 69 ff., aufgestellte Behauptung, dass *tot*, wo es als Gradbestimmung zu einem Adverbium oder zu einem präpositionalen Ausdruck tritt *(tot dreit à Rome... tout sans mentir)* Adverb oder Neutrum sei, ist trotz einiger scheinbar widersprechender Stellen noch nicht widerlegt. Man lese deshalb mit H. T.

P. 48, VIII$_{10}$. Um den Zusammenhang klarer zu machen, empfiehlt es sich *por ce* in Commata zu schliessen oder gar keine Interpunktion zu setzen. *por ce* ist in den Satz *que... ne laist il mie* eingeschoben und ist mit *s'il fet* etc. zu verbinden, nicht etwa, wie nach Be's Interpunktion scheint, mit dem Vorhergehenden. Am klarsten ist H, wo *por ce* hinter *ne laist il mie* steht.

P. 48, VIII$_{18}$, *baille seurté des levées. Et cil...*
HT.: *levées se cil.*

Be's Text und Interpunktion zerstören den Sinn vollständig; der Satz *et cil-qui en jor* würde grammatisch ganz unvermittelt dastehen. Vor allem ist der Sinn massgebend. Dass der Kläger Sicherheit für die *levées* gebe, hat erst dann Bedeutung, wenn an eine eventuelle Herausgabe derselben zu denken ist, dh. in dem Fall, wo der frühere Besitzer ihn innerhalb Jahresfrist wieder vorladet. (Zur Sache vgl. p. 338, IV ff.). Man lese also *levées, se cil qui devant...* Nach *jor* 49,$_2$ setze man dann ein Semicolon; was folgt ist die Anordnung, die in Kraft tritt, wenn der Kläger den Prozess gewinnt.

P. 49$_4$. *Homes qui sont envers le defalant.*
HT.: *sont pers au deffaillant.*

envers ist ein etwas dunkler Ausdruck, während *pers* unmittelbar einleuchtet. Vgl. p. 45, II. *Puisque li sires veut semonre un gentil home ... il doit penre deus de ses homes qui soient per a celi...*; ferner p. 47, V$_3$: *s'il ne le prent par jugement de ses pers*; 50 XII$_3$.

P. 49, IX$_9$, l.: *lor seigneur.* HT.

P. 49, IX$_{11}$, *il poent essonier ... pour aus gentix homes.*
HT.: *poent envoier ... pour ...*

Ein transitives *essonier* in der Bedeutung „einen Stellvertreter schicken," die es hier haben müsste, findet sich weder in den Coutumes noch bei Godefroy. *(essonier autrui* p. 67$_1$, bedeutet „einen entschuldigen"). *envoier* giebt einen guten Sinn und wird noch gestützt durch Z. 13: *de celi qui*

l'envoie. p. 58, XVIII$_4$: *il doit aler ou envoier à la semonse.*
XVIII$_8$, *s'il n'y aloit ne envoioit* - 59$_2$.
P. 50, XI$_1$, l.: *son seigneur.* HT.
P. 50, XII$_2$, *car li souget, si comme je ai dit.* T.
H.: *li seigneur.*
Si comme je ai dit bezieht sich auf p. 45, § II, und da es dort heisst *puisque li sires* dürfte H vorzuziehen sein.
P. 50, XIII$_8$, l.: *son ostel* HT.
P. 53$_1$, *... sans jugement; mais ce..*
HT.: *sans jugement, et ce est voirs, mais ...*
Der Zusatz von HT ist ansprechend, weil er der folgenden Ausnahme mehr Nachdruck giebt. Überhaupt liebt Beaum. derartige Bekräftigungen, vgl. Schwan, Rom. Studien IV$_{899}$ und 74 XXXIII$_2$, 309, XI$_3$, 352, XV$_8$ - 365, XVII$_3$ - *cest verités* 191, XXV$_3$.
P. 53, XXI$_{12}$, *que il sanloit tenir de li.* B.
AHT.: *soloit tenir.*
Die Unrichtigkeit von B und die Richtigkeit von AHT leuchten ohne Weiteres ein.
P. 53, XXI$_{19}$, *tierce cause si est.*
HT.: *cause par coi li sires n'est pas tenus a ressaisir son home si est ...*
Die Worte sind einzuführen, vgl. zu 12$_9$.
P. 54$_4$, *qu'il i fust prononcié.*
TBH.: *qu'il li fust.*
i stände beziehungslos; *li* giebt den guten Sinn „dass ihm zugesprochen würde etc." Be. beachtete nicht den Gebrauch der Schreiber von 2 nebeneinanderstehenden gleichen Consonanten nur den einen zu setzen. Er hätte sonst manche Stelle leicht ändern können.
P. 54, XXII$_3$, *por dette puis fesoient tant ...*
HT.: *et puis fesoient.*
Be. musste in seinem Text wenigstens ein Semikolon hinter *dette* setzen. Indess ist HT vorzuziehen, da Beaum. gern syndetisch anknüpft, wie die afr. Prosaiker überhaupt. Vgl. 100, 16, 59. XXX$_4$, 79, X$_3$ und oft.

P. 55, XXXIII$_9$, *quiet en autele amende comme cil seroit.*
HT.: *comme cil feroit.*
seroit, das hier nicht passt, ist wohl nur aus *feroit* verlesen, das in der bekannten Verwendung als verb. vicar. steht.
P. 55, XXXII$_{11}$, *li ajornés le defaut.*
HT.: *se defaut.*
Wohl wieder verlesen. Ein transitives *defaillir* findet sich weder bei Beaum. noch in den Wbb. Für die häufige reflexive Verwendung vgl. zahlreiche Beispiele bei Godefroy.
P. 57$_8$, l.: *es villes.* HT.
P. 57$_{13}$, l.: *aucuns mors.*
P. 59$_3$, *envoit procureur pour aligneer.*
H.: *aleger.* T.: *alliguier.*

Ein Wort *aligneer* giebt es nicht; *aligner* ausrüsten, ordnen, passt nicht in den Sinn, während *aleger* (H bezeichnet den Laut des gutturalen g meist durch einfaches g) *alliguier*, anführen, aussagen, speziell zur Entschuldigung, zutreffend ist. Vgl. 327, VII$_7$. *la longue tenure que il alliguent.* 128, X$_3$ *à alliguier paiement* u. s. f.

P. 60$_8$, *du juge pot on pas apeler que par devant* ...
HT.: *ne puet on apeler que.*

HT geben entschieden das Übliche. Ob man den Be'schen Text stehen lassen darf, ist mir sehr zweifelhaft. Zwar findet sich, wenn auch selten, *ne—pas* mit einer Beschränkung der Negation, wie Perle, Zfr. rom. Phil. II, p. 6 belegt, aber ein *pas—que* ist nirgends erwähnt.

P. 62, XXXIV$_3$, *que il doit labourer et fere ses labors.*
HT.: *doit jornoier et fere* ...

Be's Lesart bietet eine Wiederholung, die man Beaum. kaum zutrauen darf; man lese deshalb mit HT.

Capitres III.

P. 64₂, *semons ... en cel meïsme cas.*
HT.: *cel meïsme tans.*
Derselbe Fall wird nicht an zwei Gerichten verhandelt werden, da ja immer nur eines zuständig ist. *tans* giebt den richtigen Sinn, auch wird das folgende *si pres* dadurch verständlich. Vgl. Thaumassière, Notes, p. 377, wo die entsprechende Stelle aus P. Desfontaines citiert ist, wo *cel jour mcësme* steht.

P. 66, XI₂, *il ara ses contremans de nouvel.*
H.: *ses trois contremans ...*
Beaum., der sich in den juristischen Dingen sehr präcis ausdrückt, wird wie H geschrieben haben. Vgl. p. 65₄: *s'il n'a pris ses trois contremans.* — Ausserdem liegt ein gewisser Nachdruck auf *trois*, insofern die ganze Reihe ohne Einschränkung von neuem beginnt.

P. 67, XV₁₋₇. In H fehlen die 7 ersten Zeilen von Nule-jornée. Die Stelle ist jedenfalls von dem Schreiber von H aus Versehen fortgelassen, nicht etwa in den anderen Hss. interpoliert, da sie durchaus in den Zusammenhang gehört. Es ist zunächst Z. 1—7 die Rede von denen, die zwar zum Termin kommen, aber nicht „*dedans hore de miedi*" erscheinen, dann Z. 8 ff. wird im Gegensatz dazu von denen gesprochen, die zwar dann sich einstellen, aber hernach fortgehen. — Für das Verhältnis von H und B zeigt die Stelle, dass trotz der grossen Übereinstimmung beider B nicht von H copiert sein kann, sondern es umgekehrt ist, wenn man nicht eine gemeinsame Vorlage annehmen will.

P. 67, XV$_{11}$. Die Stelle erfordert eine genauere Interpunktion. Be. scheint das *que* hinter *font* als „dass" gefasst zu haben, während es, wie auch T's. „*car*" zeigt, gleich „denn" ist. Man setze also hinter *font* ein Semikolon, und hinter *s'ent* (p. 68$_2$) ein Comma. Der Gedankengang ist: Manche stellen sich zu Mittag ein, gehen aber dann fort; solche sollen sich in Acht nehmen, denn, wenn sie das thun, fallen sie „*en defaute.*" p. 68$_2$, ist *chieent* zu lesen, wie richtig in HT.

P. 68, XVII$_8$, *Et se cil qui est demanderes a tel essoine, que ses ples doit demourer* ...
A.: *et a tel essoine, ses ples* ...
HT.: *Et cil qui est* ... *et a tel essoine, ses* ...
B.: *et a tel essoine, que son plet*.

Es ist nicht recht einzusehen, warum Be. hier die Lesart von A aufgab. Das *que* ist zu tilgen, da Beaum. durchweg in solchen Schlussbestimmungen den Indikativ setzt; vgl. den Schluss von § 18, 21, 23, 29, 30 u. s. f. Lässt man *que* stehen, ist wenigstens *doie demourer* oder *demeure* zu lesen.

P. 70$_9$. Hinter *querele* haben HT noch: *et s'il est hons de pooste, l'amende est de soixante sous avec la querele perdue* (*perdre*).

Die Worte dürfen nicht fehlen, da Beaum. sonst immer die Strafe doppelt angiebt, zuerst für den *gentil home*, dann für den *home de pooste*. vgl. 223, VI$_1$, 372, IV$_4$, 417, XXII$_2$ und oft.

Capitres IV.

P. 79$_5$, *le deerraine procuration* .. *restraint le premiere se ele en fait mention*.

BHT.: *estaint la première se ele n'en* (A *n'i*) *fait pas* (T fehlt) *mention*. Zunächst ist *estaint* dem *restraint* vorzuziehen, da die erste *procuration* durch die folgende nicht beschränkt, sondern aufgehoben wird. Vgl. p. 79$_{2-4}$: *Le vertus de le procuration dure tant... s'il ne le rapele par certain mandement.* 84$_6$: *le procuration dure tant... que il envoiroit autre procureur.* 64, XXVII$_2$: *li deerrains procureres boute le premieres hors.* — Dass Be. gegen die gesamte Überlieferung „*ne*" tilgt, ist ohne Grund. Der Sinn ist tadellos: die neue Vollmacht hebt die alte auf, wenn sie dieselbe nicht besonders erwähnt.

P. 79, XII$_{10}$, *ele estoit general de toute la querele perdre ou gaaigner* T.

H.: *general de toute la querele et avoit vertu en soi de toute la querele perdre ou gaaignier.*

H's Lesart ist die wahrscheinlichere, weil die Wendung *procuration general de toute la querele* für sich allein sich findet 79, XII$_4$, XII$_{16}$. Auch T fasst die Stelle im Sinne von H auf, wie das Comma zeigt, was er zwischen *querele* und *perdre* setzt. Vermutlich hatten die Schreiber von A und B eine Lesart wie H vor sich und sprangen vom ersten *querele* auf das zweite über, ein sehr häufiger Fehler in den Hss.

P. 80, XV$_6$, 1.: *ou* oder *au capitre* HT.

P. 81, XVIII$_9$, *se nus ne le desdit.*

HT.: *les desdit.*

le giebt zwar einen Sinn, doch ist *les* vorzuziehen, weil es hier auf Zulassung oder Abweisung der betreffenden Personen ankommt. *les* bezogen auf *cil*.

P. 82, 4ff. Die Stelle *de toute la querele — mestre et* fehlt in A (nach Be.), T, H.

Es wäre wichtig zu wissen woher Be. die Worte hat, vermutlich aus B, dem freilich zu widersprechen scheint, dass T sie nicht aufgenommen hat. ATH haben hier eine offenbare Lücke, deren Ausfüllung für das Abhängigkeits-Verhältnis der Hss. von Wichtigkeit ist. Wenn die Stelle von Be. selber stammte, würde er dies doch angegeben haben, wo er eine Note zu der Stelle hat; wenn die Worte aus B stammten, wäre dies ein neuer Beweis für den Wert dieser Hs.

P. 82, XXI$_3$, 1.: *suaire souffisant* HT.

P. 83, 4, 1.: *aucun cas semblable.*

P. 84, XXVI$_{11}$, *procureres ... se taist ou colle se procuration*

HT.: *taist ou coile* ...

Bei dem bekannten afr. Gebrauch, zwei Synonyma zusammenzustellen ist HT ansprechender; „seine Vollmacht verschweigt oder verbirgt."

P. 87, XXXII$_4$, *et aussi ne pot on pas respondre*.

BHT.: *ne doit on pas*.

doit passt besser in den Zusammenhang, wo lauter Vorschriften gegeben sind, die alle mit *devoir* gebildet werden vgl. Z. 9, 11, 12 etc., und schliesst sich besser an *il n'est pas mestiers* an (Z. 3).

P. 88, XXXV$_2$, l.: *dure tant* HT.

P. 89, XXXVI$_4$, *toutes les fois que tel establis sont fet, il doivent aporter en coir le procuration par le quele il les pot establir, et procuration du procureur qui le sousestablit*.

BT.: *len les puet sousestablir H.. establir*.

HT.: *qui les soustestablit*.

Für *tel establi sont fet* möchte ich lesen „*tel sousestabli*," da das „*tel*" doch auf „*cix apele on sousestablis*" des vorigen Satzes deutet; vgl. Z. 7: *cil qui de ceste maniere sont sousestabli*. Das „*il*" Z. 5 steht ganz unvermittelt da, denn dem Sinne nach müsste es sich auf den ersten procureur beziehen, was aber grammatisch wegen des weiten Abstandes von Z. 2 und auch wegen des folgenden „*procureur qui le sousestabli*," das damit identisch sein würde, unmöglich ist. HT's allgemeines *en les puet establir* (*sousestablir*) ist deshalb vorzuziehen. BT *sousestablir* giebt den t. t. noch genauer wieder.

Capitres V.

P. 90, III$_1$, l.: *par* statt *pas* H.T.

P. 91$_{11}$, *puisque ce n'est en se deffaute*.

H.: *ce n'est deffaute*. T.: *par la sieue deffaute qu'il le lesse*.

en se deffaute ist eine etwas ungewöhnliche Ausdrucksweise; am besten passt T, dessen Zusatz auch kaum zu entbehren ist. Vgl. 94$_{19}$.

P. 91, V$_8$, Zwischen *de ses sougés* und *ou* haben HT noch: *as ques il est tenus à aidier, seigneur ou por aucune religion pauvre.*

Das fehlende Stück ist sicher von dem übe den Schreiber von A ausgelassen. Das „*as ques à aidier* ist ganz dem mitleidigen und menscheni Sinne Beaum. entsprechend (vgl. Bd. II, 326, IV.) er ferner, wie das bei einem guten Juristen na liebt seine Auszählungen bis ins Einzelne auszuführe auszulassen, dazu vgl. 78, IX$_9$, 95, XIV$_9$, ! 99, II$_1$, 12$_{11}$, XXXII$_9$.

P. 92, VII$_1$, 1.: *por autrui* HT.

P. 92, VII$_{12}$, *doit dire tantost.* T.

H.: *dire ou faire dire.*

Diese Wiederholung des Verbs mit *faire* ist vgl. oben Z. 8; 331$_7$; 412, IV$_3$.

P. 92, VIII$_8$; *se il li pleist on à le partie qui* HT.: *ou se il plaist à la partie.*

Derartige Wiederholungen liegen in Beaum.'s etwas breiten Styl, so dass vielleicht mit HT zu

P. 93, XI$_3$, *que il compregnent tuit lor fait au paroles.*

H.: *le compregnent tout au m. d. p.*

T.: *il compregnent tout leur fet en m.*

tout und *tuit* kommen zwar als nom. pl. in e gemischt gebraucht vor; es handelt sich hier aber um den nom. pl., der einen schiefen Sinn geber sondern es ist *tout* (acc. sg.) zu lesen, praedicat gesetzt, indem Beaum. sagen will, die Angelegenhei ganzen Ausdehnung soll möglichst kurz zusamm werden, ebenso wie es Z. 5 heisst: *que la querele toute comprise.* H drückt diesen Sinn noch deutlich die Stellung von *tout* nach dem Verb aus. Vgl. 1 *le fet conté.*

P. 93, XI$_{11}$, *li juge pregne... les paroles.*

HT.: *qui les a à (fehlt T) recevoir...*

Für den Zusatz spricht Z. 8 und Beaum.'s Styl. Vgl. auch 125, VI$_4$.

P. 95, XIV$_8$, *neporqant il doit fere requestes.*
HT.: *il puet.*

Letzteres ist dasjenige, was man dem Sinne nach erwartet; es handelt sich hier nur um Möglichkeiten.

P. 96, XIX$_8$, *et il me courrouce et fet l'anieus.*
H.: *s'il (T et il) la me corront et ...*

courrouce passt nicht recht in den Zusammenhang; man wartet vielmehr etwas von der *chose de lequele il ne se doit eller* zu hören, wie es in HT geschieht. Der Advocat stört en Richter in der angefangenen Rede. *oourrouce* konnte icht aus *corront* verlesen werden, zumal wegen des folgenden *fet l'anieus.*

P. 96, XIX$_{19}$, statt *par aler* l.: *pas aler* HT.

Capitres VI.

P. 99, II$_2$, *d'eritages, les autres de convenences.*
HT.: *d'eritages, les autres de proprieté d'iretage, les autres...*

Die Worte dürfen nicht fehlen, wie das folgende zeigt. [$_9$ sagt Beaum.: *si est bon que nos disons ... comment demande oit estre fete ... de cascunne de ces choses.* Er geht dann in einem Paragraphen die einzelnen Punkte durch, so p. 100 V die Klage wegen *saizine d'iretage* (vgl. Z. 1--5,) 101, V die wegen *proprieté d'eritage*, also wie HT es angeben. A ist ieder, wie gewöhnlich bei Aufzählungen, ungenau.

P. 100, III$_4$, *les doit nommer, se ce ne sont grosses choses.*
— HT *se ce sont.*

Be's. Text giebt gerade den verkehrten Sinn, indem es ich hier darum handelt, dass in der Klage die Objecte inzeln aufgeführt werden, *wenn sie* grösseren Umfang haben nd in wenig Teile zerfallen, während später ausgeführt ird, wann sie zusammengefasst werden dürfen.

P. 100, III$_{10}$, l.: *tout* HT statt *tuit*.
P. 105, XII$_9$, *qui a fet tel murdre ou tele trayson*. T.
H.: *murdre ou teil larrecin ou*...
H hat ausser den angeführten Verbrechen, die *cas de crime* sind, noch *larrecin*. Dafür, dass dies mitzulesen ist, spricht 109, XVI$_8$, wo *il fist aucun larrecin* parallel mit *ocist aucun* gestellt ist, ebenfalls als *cas de crime* (Z. 1); ferner XVI$_{12}$ „*trayson ou larrecin*", 112, XVIII$_{10}$: *de chose emblée ou d'omecide*. Die Genauigkeit der Aufzählungen ist schon zu 91, V$_8$ erwähnt.
P. 106, 1, (u. 76. 5) *doit aler*. HT *aler avant*.
Letzteres der durchgehende juristische Ausdruck; vgl. 68$_3$, 79, XI$_6$, 132, XVII$_7$ und oft.
P. 106, XIV$_1$, l.: *cil qui plaide* (H) *ne fet* (HT).
P. 107$_{20}$, *aucuns lor debat*. HTB *le debate*.

T construiert *debatre* nur mit dem Accusativ, sei es der Person oder der Sache; A ebenso ausser dieser einen Stelle, H gleichfalls mit der einen Ausnahme 290, XIX$_4$, (*lor* statt *les*), auch Godefroy giebt nur Belege mit dem Accus., so dass dieser wohl einzuführen ist.

P. 109$_5$, *et qu'il lor demandent*... *et metre en escrit*.
HT.: *et qui lor*... *et metent*.

Es gehört zum Amte der *auditeurs* die Zeugen zu verhören (129, 8), zu fragen (129, V$_5$) und Protokoll zu führen (129, 9), wonach sich HT empfiehlt. Be's *metre* ist unsinnig.

P. 109$_{10}$. Setze ein Comma hinter *fet*.
P. 109, XVI$_4$, *se tesmoing sont apelé contre moi*
ATH.: *sont amené*.

amener tesmoins ist vorzuziehen, da dies der übliche terminus ist. Vgl. 109 $_{4.\ 8}$, 118, XXX$_{10}$, Bd. II, 131, VII$_{10}$ und oft.

P. 110$_{12}$, *de porter de cest tesmoignage*.

deporter ist in einem Wort zu schreiben, wie Z. 7, wo es in gleicher Bedeutung steht. *soi deporter de, deporter de*, sich von etwas freimachen, es aufgeben.

P. 110$_{17}$, *se non* schliesse in Commata ein.
P. 112. XVIII$_{28}$, *lieve, si comme nous avons dit dessus*.

HT.: *si — dessus* fehlt.

Mit Recht, da noch garnicht davon die Rede gewesen ist, dass die *plet d'iretage* vor dem zuständigen Lehnsherrn verhandelt werden müssen. Schon in der an die Spitze des Paragraphen gestellten Disposition liegt es, dass von den *plet d'iretage* als etwas Neuem gesprochen wird. Die Worte *si — dessus* sind von dem Schreiber von A offenbar aus dem Anfang des folgenden Paragraphen mit herübergezogen, wo sie richtig angebracht sind, denn der damit eingeleitete Gedanke ist bereits § XVII$_1$ff. ausgesprochen.

P. 112, XXVIII$_{24}$, l.: *on* statt *ou* HT.

P. 113$_3$, l.: *es ras* HT.

P. 113, XIX$_3$, *aussi s'on est acusés*.

Zu grösserer Deutlichkeit ist nach *aussi* ein Comma zu setzen, indem dieses das Correlat zu *si comme* ist, nicht etwa mit dem folgenden *se* zusammenzunehmen ist.

P. 114, XXII$_3$, Vor *et de toutes autres demandes* ist statt des Semicolon ein Comma zu setzen (wie auch T hat), denn die Worte sind noch abhängig von „*doit on avoir jor de conseil*". Was bei Be. hinter dem Semicolon steht ist ein Satz ohne Prädikat.

P. 115, XXIV$_{18}$, *ni se les pramesses*.

HT.: *nëis se...*

ni giebt keinen Sinn. Es ist klar, dass *nëis* oder im Dialekt von A *nis* zu lesen ist. (237, XXIII$_5$). Der Schreiber schrieb hier wieder nur einen der beiden gleichen Consonanten.

P. 116, XXV$_7$, *car s'on ni troeve aperte tricherie*.

T.: *se l'on i trouve*.

In der Form wie die Stelle bei Be. steht, ist jedenfalls *n'* zu streichen und mit T zu lesen, da doch der Sinn ist, *wenn* offenbarer Betrug vorliegt, ist die Übereinkunft nicht zu halten. H ändert stark; er hat die Worte *ce ne fait* (Z. 8) — *ou de barat* (Z. 10) ausgelassen und liest: *car se len n'i trueve aperte tricherie ne trop grant decevance, li marchiez [et] les convenences font à tenir...*, eine Lesart, die zwar einen Sinn giebt, aber nicht so gut ist wie TB. Dass, wenn alles in

Ordnung ist, die Abmachung gültig ist, war selbstverständlich; hier mussten aber durchaus *zwei* Möglichkeiten angeführt werden (— *doit regarder à la manière du fet*), wie es in T der Fall ist. Vermutlich hatte der vorsichtige Schreiber von H eine Vorlage mit dem fehlerhaften *n'i* und suchte durch die ausgelassenen Worte einen Sinn zu erzielen.

P. 117, XXVIII $_{1.\ 2}$. *fere certaine demande en aucun cas, il convient bien en aucun cas ..*

HT.: *en aucun cas* fehlt.

Das ungeschickte zweimalige Vorkommen von *en aucun cas* in so kurzer Entfernung ist jedenfalls Schuld des Schreibers von A; man tilge daher mit HT das erste.

P. 117, XXVIII$_8$. Hinter *reson* setze statt des Semicolon ein Comma; *et je fes* gehört noch in den Conditionalsatz.

P. 118$_{18}$, *li hoir ne sont a respondre.*

T.: *ne sont tenu a respondre.*

Der Sinn verlangt letzteres; ersteres würde bedeuten: den Erben ist nicht zu antworten.

P. 120, XXXII$_9$, *heritage, terres.*

HT.: *heritage, si comme terres.*

Letzteres vorzuziehen, da Beaum. seine Beispiele gewöhnlich durch „*si comme*" einleitet, vgl. Z. 5, 125, V$_{14}$ 147$_1$, 387, XVIII$_1$, 339$_5$ etc. Wenn man es nicht einführt, muss nach *heritage* ein Colon stehen, weil das Folgende die unter diesen Begriff fallenden Dinge enthält.

P. 120, XXXIII$_4$, 1.: *les segneurs* HT.

P. 120, XXXIII$_{5.\ 6}$, *demandes qui sont reëles doivent estre.*

HT.: *reeles et celes qui sont mellées doivent.*

et — mellées darf nicht fehlen, denn Z. 3 ist gesagt *nur* die *demandes personix* gehören unter die Gerichtsbarkeit des Lehnsherrn, in dessen Gebiet der Angeklagte wohnt; für das andere Verfahren bleiben aber nach der Einteilung in § XXXII$_{1-4}$ die demandes *reëles* und *mellées* übrig.

P. 121$_{13}$, 1.: *les gaies* HT.

Capitres VII.

P. 122, II$_2$, *toutes resons descendent... de deus cozes.*
T.: *de ces II choses.* AH.: *sor l'une des deus ch.*
AH sind vorzuziehen, da nicht die Motive, sondern die Resultate der Verteidigungsgründe angegeben werden sollen, wie auch p. 123$_{2\text{-}3}$ zeigt: *les resons qui descendent à l'autre fin.*
P. 124$_{10 \cdot 11}$, *pas* und *par* sind zu vertauschen.
P. 125, V$_{14}$, *resons... ont puis bien liu puis, si..*
H.: *liu, si.* T.: *lor liu, si.*
Das zweimalige *puis* bei Be. u. B. ist wohl nur ein Schreibfehler. Am ansprechendsten ist T.
125$_1$, l.: *delivres,* desgl. 126$_8$, —137$_2$, —194, LII$_{15}$, 209$_{22}$ u. s. f.
P. 126$_2$. Die Worte „*disoit mais à li*" erklärt Be. Anm. 1 falsch mit *pour jamais à lui".* *Mais* bedeutet in der Wendung: „*vielmehr, plutôt"* (vgl. Godefroy), also heisst unsere Stelle: „*mein Gegner sagt: vielmehr ihm"* vgl. 139, XXXIII$_9$: *quens dist mais li.*
P. 128, XI$_3$. Statt *recourer,* das es nicht giebt, lies *recovrer* (ATH *recouvrer*).
P. 129, XIII$_{1 \cdot 3}$, HT haben statt *connissance: recognoissance,* das hier vielleicht wegen des im selben Satze vorkommenden *a reconnut* vorzuziehen ist. Freilich werden beide Worte sonst ohne jeden Unterschied gebraucht.
P. 130$_6$, *qui servent fors.*
H.: *ne servent fors.* T.: *ne—mais.*
Die Negation ist nicht zu entbehren.
P. 130$_{21}$, *de gradu in gradum.*
HT.: *de degré en degré.*

Es ist sehr unwahrscheinlich, dass Beaum. den lateinischen Ausdruck gebraucht habe, den er ängstlich vermeidet, ebenso wie die juristischen französisierten Termini aus dem Lateinischen. Er ist vielmehr stets darauf bedacht, den Laien zu helfen, die Worte der „clercs" zu verstehen, vgl. die Definitionen von *sapience* 17, II$_5$. *libele* 58, I$_{10}$, überhaupt diesen Paragraphen. — *de degré en degré* auch in A 143, IV$_5$, — Der Schreiber wollte an unserer Stelle vermutlich seine juristische Weisheit anbringen.

P, 131, XVI$_{12}$, *prouve que son peres n'ëust onques hiretage.*
H.: *que si ëut, il est...*
T.: *que son pere ot hiretage.* (Be. giebt fälschlich seine Lesart als aus T genommen an.)
A.: *que si ot.*

Bs. scheint hier conjiciert zu haben, aber unglücklich, indem er den Satz durchaus missverstanden hat. Seine Hs. A enthielt das Richtige. Der Kläger, dh. hier derjenige, welcher das Erbteil, das thatsächlich ihm nicht zukommt, beansprucht (Z. 4. 5.), wird, wenn letzteres bekannt ist (5), abgewiesen, wenn er nicht beweist, dass das Erbe *doch* (*si*) da ist. Bc's. Fassung steht in direktem Widerspruch zu Z. 4 ff. — Ob mit AH oder T zu lesen ist, ist nicht zu entscheiden.

P. 133, XX$_{14}$, *je sui mariés l'iretage me mere* T.
H.: *mariés de l'iretage.*
B.: *mariés de sa mere.*

XIX, 6, 11, 12 construieren *marier*, ausstatten, mit *de*, so dass man mit H lesen wird. Ein doppelter Accusativ würde sich grammatisch schwer erklären lassen.

P. 134$_8$, *hoirs. je di.*

Wenn man keinen Anakoluth annehmen will, ist die Interpunktion des immerhin etwas auffälligen Satzes zu ändern. Ich möchte hinter *hoirs* Z. 8 ein Comma setzen, indem ich die beiden durch „*se*" eingeleiteten Sätze (Z. 5. 6) als indirecte Fragesätze abhängig von *je di* auffasse, womit der Hauptsatz des p. 133 XX₄ beginnenden Satzgefüges eingeleitet wird. Für absolut hingestellte Bedingungssätze wie Z. 5: *se il me sera soffert*, die den Sinn eines Fragesatzes haben würden, = *sera me il soffert?* habe ich in Beaum. Werken keine Beispiele finden können.

P. 134, XXII₇, *respont tel cheval*. HT.: *sire, tel cheval*.

Beaum. hält sonst darauf, dass der Richter bei den Verhandlungen mit *Sires* angeredet wird, so vgl. 104, XI, 101, V₃, so dass man hier mit HT lesen wird.

P. 136, XXXVI₃, *ne on le doit pas fere*.

Die Worte finden sich nur in A und sind vermutlich von dessen Schreiber zugefügt, denn Beaum. würde kaum den trivialen Gedanken, dass man nichts zu eigenem Schaden vor Gericht bringen soll, besonders ausgedrückt haben, während der Schreiber noch für nötig hielt, dies einzuschärfen.

Capitres VIII.

P. 139₁, *l'an et jour*. HT.: *l'an et le jour*.

HT das Richtige, denn *l'an et le jour* ist formelhaft vgl. 233, XX₆, 265₂, 343, X₈ und oft.

P. 140, XI₁,₅, *dix livres. — paier les dix livres.*

HT.: *.C. livres. —paier les diz .C. livres* (T *dites*).

Über die Zahl wäre schwerlich etwas bestimmtes auszusagen, wenn nicht die Vermutung nahe läge, dass das *dix* in A (Be) durch „*les diz .C. livres* aus Z. 5 hervorgerufen wäre, wo ein flüchtiger Schreiber *diz* als Zahlwort auffasste.

Capitres IX.

P. 147$_1$, *empeēcemens de lor communs.*
B.: *de delaiement de voie commune.*
T.: *de leur quemun.* H.: *de liu communs.*
Be., B, T geben keinen guten Sinn; die beste Lesart hat H. (nur lese man *lius* oder *commun*), vgl. Z. 11: *doit remetre le liu en son droit estat*; Z. 3: *qui sont en communs liex.* Die Lesart *lor* wird dadurch entstanden sein, dass ein Schreiber statt *liu lui* las, und weil ihm dies unverständlich war, *lor* daraus machte.

Capitres X.

P. 150$_4$, 1.: *li quiex resons sont tiex* HT.
P. 151, IV$_8$, *seēlée du sëel, celi qui est...*
HT.: *seēl à celi.*
Das Comma bei Be. ist zu tilgen und ein solches hinter *ajornés* zu setzen. HT mit *seēl à celi* machen schon wahrscheinlich, dass der Sinn ist: gesiegelt mit dem Siegel des Vorgeladenen, wie sich auch sachlich zeigen lässt. Es kommt darauf an, von wem die Urkunde ausgestellt ist, so hier von dem Vorgeladenen selber. p. 152, V vom König, Grafen oder bailli, vgl. Bd. II, p. 48, XVIII$_1$. *Trois manieres de lettres sont: le premiere entre gentix homes de lor seaus... le seconde... par devant lor segneurs ..ou par devant le souverain etc.* das. p. 39, II$_3$: *doit li juges demander s'il bailla ces lettres seëlées de son seë'l.* Wenn auch Be's. Lesart einen Sinn giebt, machen doch HT, die angeführten Stellen und der bessere Styl die vorgeschlagene Interpunktion annehmbarer.

P. 151$_{17}$, Be. musste *respondre, quanques* schreiben, doch ist besser mit H *respondre à quanques* zu lesen.

Capitres XI.

P. 156, § I$_1$, *Bonne chose est.* HT.: *seroit.*

Das folgende „*que cil se mellassent*" macht den Conditional im Hauptsatze wahrscheinlich, auch soll hervorgehoben werden, dass die Verhältnisse nicht so sind, wie Beaum. wünscht, weshalb er gerade davon spricht. (159,$_2$ *par ce traiterons nos*).

P. 159$_4$, *li malfeteur ne li facent.*
HT.: *ne lor facent.*

„*li*", dass sich nur auf *sainte eglise* beziehen könnte, ist unbrauchbar, weil hier gerade von dem persönlichen Eigentum der Geistlichen im Gegensatz zu den Kirchengütern die Rede ist (2—3: *lor biens temporex*). Man lese also *lor*, bezüglich auf *ciaus qui ont les biens*; vgl. auch Z. 5: *qui lor meffont.*

P. 159, V$_3$, 1.: *plest.* (Comma).
P. 159, V$_8$, 1.: *doivent.* 9. *donnent.* 11. *prenderont.*
P. 160, VI$_9$, *qu'il le feïssent assaurée.*
H.: *assodre.* T.: *assoudre.* B.: *assorre.*

Be's. *assaurée* ist ein unmögliches Wort, vermutlich nur aus einem handschriftlichen *assaurre* verlesen.

P. 160, VII$_8$, *si comme dit est.*
HT.: *dit est en ce chapitre meïsmes.*

Man wird mit HT lesen, weil Beaum. gewöhnlich so zurückweist; vgl. 185$_9$, 189, XXI$_{16}$ etc. Die betreffende Stelle steht Cap. XI, p. 159$_{10}$.

P. 161, X$_7$, 1.: *as executeurs.* HT.
P. 162, XII$_{11}$ ff., *en le conté de Biavès, qui est soie.*
H.: *en le conté de Biauvais, non pas par la raison de l'evesque, mez por le conté de Biauvas, qui est siue.*
T.: *en l'evesqué de Biaurais*, weiter wie *H.*

Die Auslassung in A stammt wohl wieder daher, dass der Schreiber von dem ersten *Biauvais* auf das zweite übersprang. Für die Echtheit der Worte in HT spricht ferner, dass durch sie das, was Beaum. sagen will, viel deutlicher wird. Er ist an der Stelle sehr ausführlich, weil er demonstrieren will, was 163_5 ausgesprochen ist: „*toute laie juriditions du roiaume est tenue du Roy en fief*... oder 162_{13}: *toute coze qui est tenue comme justice laie, doit avoir resort de seigneur lai*. Für den speciellen Fall des Bischof von Beauvais hat dieser nun die Gerechtsame für die Orte der Gratschaft Beauvais (Z. 11), aber nicht, weil er Bischof ist, sondern als weltlicher Herr *(conte)* der *Grafschaft* B. Die Worte sind also für das Verständnis sehr wichtig. — Ob man mit T *l'evesquié de B.* oder mit H *le conté de B.* lesen will, bleibt sachlich gleich, denn das Bistum von Beauvais verlieh dem Inhaber „*la qualité de conte et de paire*" (nach dem Dictionnaire général de Biographie et d'Histoire von Dézobry und Bachelet, Paris 1876). Es ist indess besser mit H *conté* zu lesen, weil es Beaum. hier gerade auf Hervorhebung der weltlichen Seite der in der Person des Bischofs vereinigten Würden ankommt.

P. 163, XIII_6, *doit cis meffés estre amonestés de sainte Eglise.*
HT.: *cil qui meffet.*

amonester wird allerdings auch mit dem Accussativ der Sache construiert, wie Tobler, Verm. Beiträge 181 Anm. 1 belegt. Doch ist besser mit HT zu lesen, wegen des folgenden „*et s'il n'obeïst à l'amonnission. Meffait* bedeutet auch „einer der Böses gethan hat," (Beiträge 123), doch braucht Beaum., bei dem das Wort oft genug vorkommt, nur *malfeteur* oder die Umschreibung *cil qui meffet* (p. 18, IV_4; 411_6; 454_4).

P. 165, XVII_1, *ne garantist pas.*
HT.: *ne garantist pas cèli qui en est coupables.*

Letzteres vorzuziehen, da, wie zu 12_9 gezeigt, Beaum. die formelhaften Wiederholungen bei Aufzählungen liebt. Vgl. § XV, XVI etc.

P. 165, XVII_2, *si est dessilleurs de biens.*
HT.: *est des essilleurs.*

Be. musste *d'essilleurs* schreiben. Ein Wort *dessilleur* ist nicht belegt. Vgl. auch 166, XXI$_{24}$, *essilleurs de biens*.
P. 165, XVIII$_4$, *por cascun trois cas une reson.*
HT.: *por cascun cas une raison.*
Be's. Lesart ist unmöglich; entweder liest man mit HT oder *chascun des trois cas*.
P. 167, XXIV$_8$, *bastart ne portent riens.*
HT.: *n' emportent.*
emporter ist der t. t. bei Erbschaften. Vgl. 282, X$_7$ 184$_{21}$; 219, XVII$_{11}$ und oft.
P. 167, XXV$_5$, l.: *delaisse* T. — *viegne.*
P. 167, XXV$_6$, l.: *n' obëissent*. H.
P. 167, XXV$_{12}$, l.: *usoit*. H.
P. 168$_{24}$, *qui en oevront.* HT.: *ouevrent.*

Das Futur giebt keinen rechten Sinn; das Praesens ist das natürliche „Gott duldet es wegen des schwachen Glaubens, den die haben, welche damit zu Werke gehen."
P. 169$_4$, l.: *chrestiennes.* HT.
P. 170, XXXIII$_3$, l.: *arrieres fiez.* H.
P. 172, XXXIX$_7$, *je ne doi pas lessier que je ne li laisse se droite disme loialment.* T
H.: *que je ne li paie.*
H's. Lesart vermeidet die Wiederholung und giebt praeziseren Sinn.
P. 173, XLIII$_8$, *s'il n'est ainsi.* HTA.: *S'il est.*

Be. hat hier ohne Grund ein „*ne*" zugefügt, das den Sinn verkehrt, oder mindestens eine Gedankenkreuzung voraussetzt, die, wo 3 Hss. das korrekte haben, nicht gut bei Beaum. anzunehmen ist. Der Sinn ist: Es geziemt sich nicht, dass ein Kleriker gestreifte Kleider trage und ohne Tonsur gehe. Trotzdem, wenn es so ist, dh. er solche Kleider trägt etc., verliert er seine Vorrechte als Geistlicher nicht.
P. 174, XLIV$_{20}$, *por ce que justice, si est..*

Das Comma ist zu tilgen; es würde sonst Subject und Praedikat desselben Satzes trennen. — Niemand dürfte das wollen, da die Justiz gemeinsamer Vorteil aller ist.

P. 177, XLVIII₂, *d'un ceval, li lais.*
HT.: *et li lais.*
Be. musste bei seiner Lesart einen Punkt oder ein Semicolon nach *ceval* setzen. Besser sind HT mit *et li lais*, wegen Beaum. Vorliebe für syndetische Anknüpfung. Vgl. zu p. 54, XXII₃.
P. 177, XLVIII₂₃, *demandast .... ou vins ou convenences.*
H.: *vins ou autre chose.*
demander convenence ist ein etwas gezwungener Ausdruck, auch erwartet man etwas Zusammenfassendes, Allgemeines, wie es H giebt.

Capitres XII.

P. 181⁵/₆, *li mueble ne pooient souffire.*
HT.: *pueent.*
Der Zusammenhang verlangt durchaus ein Praesens (*pueent*); vgl. auch das ganz parallel damit stehende *poent* in Z. 7.

P. 181₁₄, *se li torfés et les deltes ne sont si grant que tuit y quore.*
HT.: *que tout y queure.*
Ein Plural *tuit*, zu dem überdies das Verb zu ändern wäre, ist dem Sinne nach unmöglich, insofern er, grammatisch auf *torfais et dettes*, richtiger nur auf ersteres bezogen, mit dem Verb *y queure* [*nt*] nicht zusammengestellt werden kann, denn dieses bedeutet: draufgehen, zur Bezahlung herangezogen werden; vgl. Z. 16; p. 187₁₄: *se toz ses hiretages y couroit*; 276₉. *s'il n'ont tant de muebles, les despueilles y corroi [en]t.* Man lese also *tout* (sc. *muebles, aques, hiretage*) *i queure.*

P. 182, X₁, *aucune fois avient il que li segneur perdent aucune fois.*
A.: *à le fois.* TH.: *a la fiée.*
Man sieht nicht ein, warum Be. gerade hier seinen Text aus der Hs. C (Miss. étrang.) nimmt, wo die andern Hss. die ungeschickte Wiederholung *aucune fois* vermeiden.

Dem Sinne nach bietet freilich auch *à le fois* (vgl. 190$_3$) eine Wiederholung, das mit *aucune fois* gleichbedeutend ist. Es scheint hier ein Versehen des Schriftstellers selbst vorzuliegen.

P. 184$_{16}$, *quant il muert, qu'il n'a les fruis.*
HT.: *qui n'a.*

qu' il ist nicht zu halten; von *ne demeure il pas* hängt der Conjunctionalsatz *que li sires ne puist etc.* ab, so dass ein anderer daneben unmöglich ist. Der Sinn und H's *cil muert* verlangen an sich schon den Relativsatz.

P. 186, XV$_5$, *qui droit le donne.* HT *les donne.*
„*les*" wegen *rendre les doit. (sc. choses).*

P. 186, XVI$_7$, *s'il ne sont damaciés* B.
HT : *s'il ne se sent damagiés.* A.: *s'en sent.*

Durch HT wird die Discongruenz zwischen dem Singular *nus* und dem Pural *sent* beseitigt. Vermutlich stand auch in B, das Be. hier zu Grunde legt *sent*, nur *se* fehlte, und er verlas dann *sent* in *sont*.

P. 187$_{21}$, *mon fils, me fille ou me mere.*
AHT.: *mon fils* fehlt.

Mit Recht, da Beaum. hier nur weibliche Erben im Auge hat, wie aus dem zusammenfassenden *ou cele qui doit estre mes hoirs* (22) und *fet par* (nicht *pas*) *eles contre me voulenté* (27) hervorgeht. Behält man *mon fils* bei, so liefert einen correcten Wortlaut nur C, wo *ou mon fils ou cil ou chele qui doit etc.* steht. Zwar steht C mit seiner Lesart allein da, doch ist sie ansprechend wegen p. 188$_4$: *que tix ou tele qui est mes hoirs.*

P. 188$_2$, *mere qui seroit.*
HT.: *mere ou a autre qui* (H.: *se.*) *seroit.*

ou a autre ist einzuführen, weil Beaum. gern seine Aufzählungen mit einem allgemeinen Gliede beschliesst, vgl. 187$_{22}$; 329$_2$; 325, IV$_7$; 217, XIV$_3$, und ferner der Relativsatz sich nicht bloss auf *mere* sondern auch auf *fille* beziehen muss.

XVIII$_2$, 1.: *muebles*, 8. *rique, et.*
190$_5$: *muebles,*

P. 190, XXII₁₃, *apelant de l'evesque à l'apostole ou des barons au Roy.*
HT.: *jusque (dusque) à l'apostole, an Roy.*

jusques ist vorzuziehen, weil nicht direct vom Bischof an den Papst, oder von den Baronen an den König appelliert wird, sondern dies die letzten Instanzen der beiden Reihen sind und hier gesagt werden soll, dass wer bis zur „*sentence diffinitive*" gehe, die Anullierung des Testaments erreichen würde.

P. XXIII₅, *debatre d'aucun qui n'i ait mie.*
HT.: *qu'il n'ait mie.*

Letzteres ist natürlicher, auch ist Be's. *i* unverständlich,

P. 191₂, *il se tenrent.* HT.: *se turent.*

Das unmögliche *tenrent* ist wohl nur aus *teürent* verlesen. Vgl. 190. XXIV₂.

P. 191, XXVI₉. Es ist gut, vor *de ce*... ein Comma zu setzen, weil mit diesen Worten der zweite Grund beginnt, weshalb die Testamentsvollstrecker das Testament nicht anfechten dürfen. Ohne Interpunktion stellt man *de ce* etc. unwillkürlich parallel mit *du mort*.

P, 191, XXVI¹⁰/₁₁. *et ce ne lor doit estre souffert.*

Be. giebt nicht an, woher er die Worte hat. Sie fehlen in HT und scheinen interpoliert, weil sie so nachschleppen, und das, was verboten ist, erst indirekt aus dem Vorhergehenden zu entnehmen ist (Z. 7), während Beaum. sich sonst klarer ausdrückt.

P. 193. XXXI₁₁. *li cris a este fet communement.*
HT.: *fez par trois foiz.*

Schon als genauer Jurist würde Beaum. die Zahl der öffentlichen Ankündigungen angegeben haben. Beweisend dafür, dass HT das Richtige haben, ist p. 194, XXXIII₃: *il on fet crier par trois fois, si comme dit est*, was sich nur auf unsere Stelle beziehen kann.

P. 194, XXXIII₂, *il ont remanant de l'execution.*
HT.: *remanant des biens de l'execution.*

Ersteres würde man bei der abstracten Bedeutung von *execution* kaum sagen. Wie HT hat auch A 193, XXXI₁₈; 195₁₃.

P. 195$_8$, *l'an et jour.* AT.: *l'an et le jour.*
Lies mit HT und vgl. zu 139$_1$,

Z. 9. Das Comma hinter *fet* ist zu streichen und hinter *paiement* zu setzen, da *fet* zu *cri* und *paiement* gehört (vgl. 194, XXIII$_4$ ff.), wozu als drittes kommt, dass die Testamentsvollstrecker unangefochten bleiben.

196$_7$, 1.: *dieu*,
197, XLI$_2$, 1.: *laisse son testament* ⎱ HT.
$_3$, 1.: *mueve — son execuiteur* ⎰

P. 197, XLI$_2$. HT haben richtig *laisse* und alle folgenden Verba des Satzes im Singular.

P. 198$_3$, *le premier.*
HT.: *le premier que il fist au partir dou (de son) pays.*

Der Zusatz ist beizubehalten, weil Beaum. derartige erklärende, auf Altes zurückweisende Zufügungen liebt, wenn sie auch entbehrlich sind. Vgl. 181$_1$, 207, LV$_{12}$.

P. 203, LXVIII$_{20}$, *que li testamens ne descendoit fors..*
HT.: *ne s' estendoit.*

descendoit giebt hier keinen Sinn, während *s'estendoi* klar ist: das Testament erstreckt sich nur auf diejenige Hinterlassenschaft, die der Erblasser darin angiebt.

P. 201, XLV$_{11}$, statt *muel* l.: *muets* T oder *mu* (H).
P. 204, XLIX$_6$, 1.: *il* statt *i*.
P. 204$_4$. $_3$. *je voil que Pierres ait mon cheval.*
HT.: *mes chevaus.*

Dass der Plural das Richtige ist, geht aus Z. 4 hervor: *je voil que lehaus ait mes chevaus*, und Z. 5: *li cheval doivent estre departi.*

P. 207, LV$_{12}$, *il aemplira le condition, exceptée.*
HT.: *la condition en la maniere qu'il est contenu au testament.*

Der Zusatz entspricht Beaum.'s Styl. Vgl. zu 198$_3$.

P. 208$_5$, *ou les fames à barons.*
HT.: *à lor barons.*

Die Analogie zu *à lor fames* macht HT wahrscheinlich, und auch sonst heisst es stets *as* oder *à lor barons*, vgl. 213$_{3. 4}$; 222, XXI$_{20}$.

P. 208, LVI$_1$, *li hoirs du testament.*
HT.: *hoirs dou mort.*
Ersteres ist ein schiefer Ausdruck, der sich auch s
bei Beaum. nicht findet, während *hoirs du mort* öfter s
so 224, XXIV$_4$; 249, X.$_5$; 300, VII$_{10}$.
P. 209$_{20}$, *sans paine.* T. — H. *sans prueue.*
Letzteres erscheint mir ansprechender: Die Testam(
vollstrecker sind der Wahrheit sicher, ohne dass ein Be
beigebracht zu werden braucht, weil sie das Zeugnis
Erblassers haben. Ihnen wird die Untersuchung der
sprüche erspart, wie den Fordernden das Beibringen
Beweise. H drückt sich jedenfalls juristischer aus.
P. 209$_{22}$, *et ce qui n'est dit . . . il convient les prouver*
Be. giebt Anm. 3 zu der Stelle die Erklärung: *pou*;
est. Dies ist faslch, vielmehr steht der Relativsatz im S
eines Conditionalsatzes, so dass der Sinn ist: wenn
Testamente nicht gesagt ist: „*mes dettes etc.*, so müssen
Ansprüche der Gläubiger durch Zeugen bewiesen wer
Ganz dieselbe Construction haben wir p. 159$_{19}$. „*ce qui
conneü à lor . . . il poent escommenier celi etc.*" Be's Erklär
giebt ausserdem gar keinen Sinn.
P. 211$_4$, l.: *cel chapitre meïsmes* vgl. zu 160, VII$_8$.
P. 216, XIII$_2$, l.: *antain* statt *autain.*

Capitres XIII.

P. 217, XV$_5$, *la mere tient en hiretage doaire.*
H.: *tient hiretage de par le pere.*
T.: *tient hiretage en doaire.*
Be's. Lesart dreht das richtige Verhältnis um, ind
die Mutter das Erbe als Heiratsgut besitzt, und nicht u
gekehrt. T hat das Richtige. Vgl. Z. 1. 6. 7. p. 218$_4$.
P. 218, XVI$_7$, *qu'il a mis.* HT.: *qu'il i a mis.*
„*i*" ist kaum zu entbehren. Vgl. Z. 10, p. 223, XXII$_{7.8}$.
Ebenso l. Z. 11: *i porroit mettre.* HT.!

P. 218, XVI$_{29}$, *ou vignes vendengiés*. HT.: *vendengier*.
Der Infinitiv ist das Richtige, abhängig von *haster* und
der sich *il* mit *coper* und *soier*.

P. 219$_{11}$, *qui tant eüssent des biens... qui peüssent*.
HT.: *qu'il peüssent*. Man lese *qu'il*, da ein so ungeschicktes Nebeneinander-
zweier Relativsätze bei Beaum. sich nirgends findet.

P. 219, XXII$_{10}$, *reson que ele avoit este douée*.
HT.: *de ce que lor mere avoit esté douée*. In der Form wie die Stelle bei Be. steht, kann sich nur auf *suer* beziehen, wodurch aber der Sinn zerstört. d. Es kann hier nur von der Mutter die Rede sein, wie HT richtig *la mere* haben, da diese allein mit dem zeitigen Heiratsgut ausgestattet *(douée)* sein kann, um das sich hier handelt. Vgl. das Folgende.

P. 222, XXI$_{18}$, *ele emporte tant seulement sa robe*.
H.: *seulement hors part sa robe*.
T.: *seulement hors sa part sa robe*.
Die Lesart H wird gestützt durch Z. 12: *ele voloit porter part*. Vgl auch 228$_1$.

P. 223, XXIII$_{2. 3}$, Statt *roiés* l. *roies*, pr. rega, arrega, l. Diez, Etymol. Wb.⁵ 262 unter raggio.

Capitres XIV.

P. 225$_4$, *descendance*. HT.: *descendemens*.
Letzteres im Vorhergehenden und Folgenden durchweg
t. t. gebraucht, so besonders in der Definition § II$_1$.
wechselnd damit findet sich auch *descendue*. Nur H hat
einziges Mal *descendunce* p. 248, VIII$_{13}$.

P. 228$_2$, *de le moitié de l'autre moitié ele aroit homage*.
HT.: *de la moitié de l'autre demaine*.
Be's. Lesart giebt einen falschen Sinn. Das hier angeführte Beispiel ist eine Illustration zu § IV des Capitels, bestimmt wird, die älteste Schwester bekommt das Schloss,

alles Übrige geht in gleiche Teile, und die jüngeren Geschwister leisten für ihren Anteil der *aisnée* Huldigung, dh. in diesem Fall, wo 2 Schwestern da sind, für die Hälfte, während nach Be. ein Viertel anzunehmen wäre. Also geben HT das Richtige.

P. 228, X$_3$, *nus, combien qui soit prochains.* HT.: *qu'il.*
Der Relativsatz nach *combien* ist unmöglich, also *qu'il.* Nach *prochains* setze ein Comma und tilge dasjenige hinter *costé.*

P. 232, XVII$_{16}$, *tient en baillie.* HT.: *bail.*
baillie bezeichnet sonst bei Beaum. nur Amtszeit oder Wirkungskreis eines *bailli*, während es sich hier um die Vormundschaft bei minorennen Kindern handelt. (Vgl. Cap. XV, § II) Z. 10 des § auch bei Be. das richtige *bail*.

P. 233, XX$_{10}$. Zwar stimmen alle mir vorliegenden Lesarten mit Be. überein, indess ist doch wohl eine Änderung vorzunehmen, da sonst der Satz: *et l'autre moitié qu'il avoit retraite de ses enfans par le bourse* ganz zusammenhanglos dasteht. Ich möchte lesen: *et l'autre de la moitié qu'il avoit retraite* etc. Sachlich ist die Änderung gerechtfertigt: Die Schwester will zwei Huldigungen haben (Z. 8); die eine ist angegeben; man erwartet die zweite, die eben diejenige für die von den Kindern durch Rückkauf erworbene Hälfte des Erbes sein muss.

P. 234, XXI$_5$, *que li peres ou le mere s'acordassent.*
HT.: *s'accordassent vers les enfans.*

Der Zusatz kann nicht gut fehlen, da die Abmachung, dass das Erbe nicht geteilt werden soll, mit den Kindern, die (nach Cap. XII, § XVII ff.) darauf Anspruch haben, gemacht werden muss, nicht etwa unter den Eltern, wie nach Be's. Text scheint. Vgl. auch Z. 11.

P. 235$_3$, l.: *chapitre meïsmes.* HT. vgl. zu 160, VII$_8$.
P. 239$_8$, *ciercié.* HT.: *tiercé.*

Natürlich haben HT das Richtige und Be. verlas *c* aus *t*. Es ist merkwürdig, dass er, wo er die Var. T angiebt und das Richtige so auf der Hand liegt, sein *ciercié* beibehielt,

wie er überhaupt bald sklavisch seiner Hs A folgt, bald in
Kleinigkeiten ändert.

P. 240 $_{4.5}$, 1.: *grant* HT.

P. 240$_9$. Zu bemerken ist, dass die Worte *si comme
à Beauvais — en ladite vile* in B und H fehlen; T muss sie
also als der Hs. Lamoignon oder der Copie von Chuppé haben.
Ob die Worte echt oder unecht sind, lässt sich dem Inhalt
nach schwerlich entscheiden: sie sind für den Sinn entbehrlich,
andererseits liebt Beaum. durch Beispiele zu illustrieren.
Zwei Umstände aber machen die Stelle verdächtig: 1) die
moderne Form *Beauvais* (A hat sonst *Biavés* 162, XII$_{11}$;
190$_8$; 58, XXVIII$_3$; — *Biauvoisis* 75, II$_1$; 221$_2$; 223, XXII$_7$;
238 XXV$_1$ etc. — H.: *Biauvais, Biauvoisis* ebenda. T. ebenso.
2) dass gleich darauf ein Glossator aus dem Anfang des 16 sc.
(Anm. Z. 19: *jugé... au Noël cinq cent neuf* eine längere
Glosse zugesetzt hat, die Thaumassière in Chuppé's Copie
fand, und in seinen Text aufnahm, die ferner nach Be. sich
in seinem Ms. D. fand (*retrouve*). Leider weiss man wieder
nicht, was er unter D versteht. Bedeutet das „*retrouve*",
die Glosse fand sich im Text einer Hs. wieder, so kann
dies nur die von Be. unter 2° (bei uns VII) angeführte Hs.
des XVI Jhdts sein, die freilich auch T eine Zeit lang in
Händen hatte; und man müsste dann weiter vermuten, dass
diese Hs. Vorbild zu Chuppé's Copie war. — Was unsere Stelle
betrifft, so ist mir sehr wahrscheinlich, dass die Worte von
dem erwähnten Glossator stammen, wozu die modernen
Wortformen stimmen würden, auch die Formel „*la dite ville et
banlieue*" (Text Z. 11, Anm. Z. 23), die sich an unserer Stelle
und in der Glosse finden, spricht dafür. Beaum. wendet sie
sonst nie an. Die Worte 241$_{11}$: „*ce n'est pas nostre constume*"
beweisen nichts für eine Interpolation, weil unter „*nostre
coustume*" Beaum. stets die von Clermont versteht.

P. 241$_5$, *plus prochains que li niés, car il est un point
plus aval.*

HT.: *car li niez est etc.... por ce que il est fiex du frere
on de la sereur.*

HT ist vorzuziehen, da sie klarer sind als A, wo *il* leicht auf *oncles* bezogen werden kann. Die Erklärung *por ce que* etc. ist ganz in Beaum.'s populärer Weise, alles zu verdeutlichen, und hier um so mehr angebracht, als die für die Lehns- und Verwandtschaftsverhältnisse so wichtigen Grade der Verwandtschaft erst später, Cap. XIX (*Des degrés de lignage*) auseinander gesetzt sind.

P. 241, XXVIII$_{22}$, *tout fust il.* HT.: *et tout fust il.*

Der Satz *tout fust ce*... steht parallel mit den von *car il disoient* abhängigen *et tout presentement, et quant ele, et il estoient*, die alle mit „*et*" angeknüpft sind, so dass HT vorzuziehen ist.

P. 242, XXIX$_1$, *lor enfans*. T. — H.: *enfes*.

Der Singular stimmt besser zum Folgenden, vgl. Z. 2: *et li enfes moroit*.

P. 242, XXIX$_{12}$, *tout ce qui demeure à lor enfant*. HT.: *tout ce qu'il donnerent*.

Be's. Lesart ist unverständlich; man erwartet eher: *demeure de lor enfant*. HT leuchten unmittelbar ein.

P. 242, XXIX$_8$, *droit y avoit li peres comme le mere*.

HT.: *y fehlt — mere en l'aqueste que il avoient donné à lor enfant*.

HT haben für sich, dass sie besser zu Beaum.'s breitem Styl passen, als A. Aus demselben Grunde möchte ich 243$_4$. mit HT statt *s'il estoit* lesen: *se li fiex qui muert sans hoir estoit* etc. Ausserdem ist in beiden Fällen HT praegnanter

P. 243, XXXI$_4$, *tout le peüst il laissier en testament quanques il aquesta, ses hoirs* etc.

HT.: *tout le peüst cil qui l'aquesta tout lessier en testament*.

HT empfehlen sich, weil der Satz dadurch symmetrisch gebaut wird, wie Beaum. es liebt, und die Gegensätze *cil qui l'aquesta : auquel l'aqueste vient* und *tout : le quint* dadurch deutlicher hervortreten.

Capitres XV.

P. 245₁, *qui sont souz aagé*.

Man lese *souz aage*, da das Adjectiv nach dem Bartsch'en Gesetz *sous aagié* lauten müste. Vgl. 244, I₂; 245₁₀.₁₂; 246₄ und oft. — *sousaagiez* und *enaagiez* sind nicht getrennt zu schreiben.

P. 246₇, *de qui il est fes oirs.* HT.: *s'est fes*.

Letzeres besser, da es sich hier um freiwillige Übernahme des Erbes handelt; vgl. 245, IV₁.₂. *nus est contrains à estre hoirs de nului*; 246₉: *tenus à tout paier quanques cil devoit de qui il s'est fes oirs*.

P. 248, VIII₁₄, *Par aucune voie de barat.*

HT.: *aucune autre voit de barat.*

autre darf nicht fehlen, da in *si comme* etc. bereits ein bestimmtes Beispiel gegeben ist, und nun verallgemeinert wird.

P. 251, XIV₁₆, *freres ne fist.*

Be. bemerkt Anm. 2 dazu: *pour fust.*

fist steht vielmehr in der bekannten Verwendung als verb. vicar. (Diez III, 415.) für das vorstehende *vint avant*.

P. 252₁, *qui volentiers pris*. H.: *preïst*. T.: *prist*.

pris ist wohl nur ein Druckfehler für den Conj. Imperf., welchen den Sinn verlangt.

P. 252₁₂, l.: *de le conté*. T.: *de la contée*.

P. 252₁₆, l.: *ou* statt *on*.

P. 252₁₈, *tant ... qui plest*. HT.: *comme il*.

Das Relativ *qui* so als Correlat zu *tant* zu gebrauchen ist unmöglich. Man lese *tant qu'il*. oder mit HT.

P. 253₁₂, *on pot estre sievis*. HT.: *servis*.

servis ist das allein Richtige. Von gerichtlicher Verfolgung ist in dem Abschnitt keine Rede, sondern die Worte „*en tel cas poez voz veïr etc.*" wiederholen nur noch einmal, was Z. 10 gesagt ist: *il convint que il paiast service à Pierre, tout fsut ce que li dit Pierres tenist en bail*.

P. 254, XVII₂₄, *ou pour soi traire.*
H.: *ou* (T.: *on*) *peut traire.*
Be's Text giebt keinen Sinn, ist auch grammatisch unverständlich, während HT eine genauer bestimmende Einschränkung zu *traist se à son homage* bildet.
P. 254, XVII₂₅, *li hoirs entendoit à entrer.*
HT.: *atendroit.*
entendoit ist zu verstehen, doch ist *atendroit* hier, wo es sich um eine Zeitbestimmung handelt, klarer. Auch passt das Conditional besser zu dem *ne seroit tenus* des Hauptsatzes. „Für die Zeit, die der Erbe warten würde zur Huldigung zu kommen, nach seiner Majorität, würde der Lehnsherr nicht verpflichtet sein, etwas auszuzahlen."
P. 255, XIX ₅. ₆, *selonc ce que li enfes est petiz ou grans.*
HT.: *li fiez est petiz..*
Dass die Ausstattung des Kindes sich darnach richten soll, ob es gross oder klein ist, ist doch ein etwas trivialer Gedanke. Weit natürlicher ist, was in HT steht, dass das, was der *seigneur* ihm liefert, sich nach der Grösse des Lehens richtet.
P. 256, XXI₂. Tilge das Comma nach *malles.*
P. 256, XXII₅, l.: *est usé* HT.
P. 259₃, *requeroit que li baus li fust bailliés.*
H.: *li fiez.* T.: *le bail li fiez.*

H ist vorzuziehen, denn dem Jehan liegt daran, das Lehen zu bekommen, denn die Vormundschaft konnte er ja (nach 245 IV) ablehnen. Vgl. auch Z. 7: *li sires delivreroit le fief au dit Jehan... de l'obligacion quite et delivre.* — 258, XXVIII *il obligea le fief.* — 259.₁. —
260, XXX₂, l.: *sous aage.* cf. zu 245₁.
266, VII₃, desgl.
P. 260, XXX₈, *le segneur, de par le fame, rechiet en bail.* B.
AHT.: *li fiez... rechiet.*

le seigneur ist ganz unmöglich; denn wenn *seigneur* den Lehnsherrn des betreffenden *fief* bezeichnet, so ist von diesem noch gar nicht die Rede gewesen; wenn es den Mann der

Frau bezeichnet, so ist er als minorenn noch gar nicht von der Vormundschaft befreit gewesen, endlich wäre in Verbindung damit *de par le fame* ganz unverständlich. *li fiez* (AHT) giebt gar keinen Anstoss: das Lehen, das von Seiten der Frau kommt, gerät wieder *en bail*, da nach Z. 11: *ele, puisqu'ele est mariée, n'a nul pooir de deservir son fief.*

P. 264, II$_8$, *par droit de l'iretage.*
HTB.: *de ligna(i)ge.*

Letzteres das Richtige, wie Cap. 44 „*Des Rescousses de heritages*" zeigt. Es heisst dort § VII: *Qui veut rescorre heritage, il doit prouver deus choses, l'une qu'il est du lignage à celi qui vendi etc.*, dh. die Verwandschaft giebt das Recht zum Rückkauf, was an unserer Stelle auch gemeint ist. Vgl. 265, V$_2$: *l'eritage qui li vient de lignage par le bourse.*

Capitres XVI.

P. 265$_1$, *el tans qui fu.* l.: *qu'il fu* HT.
Z. 6 ebenso. l.: *sous aage.*
P. 266, VII$_2$, *aagié, por riens.*
HT.: *aagié, cil qui sont aagié.*

cil — aagié ist unentbehrlich, weil diese Worte das in Be's Fassung ganz fehlende Subject zu *ne poent perdre* bilden.

P. 266, VII$_3$, l.: *aage.*
P. 266, VII$_4$, *mais gaaignier poent il por aus par reson..*
HT.: *gaaignier pueent il por aus en plait et non perdre, et hors de plait pueent il gaaignier por aus par reson..*

Die Lücke in A ist offenbar dadurch entstanden, dass der Schreiber die beiden *por aus* verwechselte. Die Wiederholung *et non perdre* ist ganz im Sinne Beaum.'s, der überall darauf hinweist, die Unmündigen zu unterstützen. Vgl. 255. XIX.

P. 267$_4$, l.: *sous aage.*
P. 268, XI$_6$, *ne se doit pas si poi regarder à fere le volenté ... comme.*
HT.: *ne doit pas si penre garde.*

Be's Lesart, wohl von dem Schreiber von A verlesen (*penre garde: peu regarde(r)*) giebt keinen Sinn, vielmehr ist mit HT gemeint: man soll nicht so sehr darauf achten, dass die Kinder ihren Willen, als dass sie ihren Vorteil haben. Pierre De Fontaines, von Thaumassière, Notes et Observ. 329 citiert, drückt sich ganz ähnlich aus: *Usage ne prent pas garde à leur volenté fere tant comme à leur preu.*

P. 270, XVI$_{11}$, *en tel maniere que ce qu'il levera, tornera en lor partie et el pourfit des sousaagiez.*

T.: *en celle maniere tournera ce que il levera de leur partie ou pourfit des soubzaagiés.*

H.: desgl. . . . . . *parties* . . . . .

Die Lesart HT ist die näherliegende und klarere. Das *levera* von A ist zu allgemein, denn nicht alles, was der Älteste einnimmt, kommt den jüngeren Geschwistern zu gut, sondern nur das, was von ihrem Erbanteil eingeht, vgl. Z. 14: *qu'il en doie emporter les yssues de lor parties*, 270: 5: *apert qu'il a levé aucunes cozes de lor parties.* — An der Lesart A ist auch der Ausdruck: *tornera en lor partie et el pourfit des sousaagiez* anstössig, den man nicht anwenden wird, wenn, wie hier, *lor* und des *sousaagiez* dieselben Personen bezeichnet.

P. 272$_{18}$, *se puist edefier de ce qui.*

HT.: *se puist aidier.*

Godefroy giebt allerdings Belege für *edefier = s'appuyer* in der Gerichtssprache; da Beaum. aber dies Wort sonst nie, dagegen immer *aidier* gebraucht, dürfte HT vorzuziehen sein. Vgl. 273$_7$, 340, V$_{17}$, 381, V$_{10}$.

P. 272, XIX$_{4.7}$, *on par juise.* HT.: *par mise.*

Mise erscheint als das Bessere, wegen Z. 8, wo es heisst: *les parties soient fetes par le dit et l'ordenance d'aucumes certaines persones, qui sont nommées*, also durch ein Schiedsgericht, das in der afr. Rechtssprache mise heisst (vgl Be's. Glossaire, Dupin et Laboulaye, Glossaire de l'ancien droit français. Paris 1846). *Juise*, das allgemeine Wort für Urteil, passt hier, wo es um Angabe einer ganz speciellen Rechtsform handelt, nicht; ebensogut könnte man den Spruch des Seigneur *juise* nennen.

Vita.

Natus sum Carolus Schauer in pago Megalopolitano, Rostochii, a. M˙ DCCC˙ LX˙ VII˙ pridie Non. Febr., patre Alberto, matre Frida, e gente Nordmann. Fidei addictus sum evangelicae. Primis litterarum elementis imbutus in scholis privatis Hamburgensi et Berolinensi, scholam realem Berolinensem, quae nomen accepit a viro illustrissimo Dr. Falk ad annum h. s. LXXXVII frequentavi. Maturitatis testimonio munitus, universitatem Fredericam - Guilelmam Berolinensem adii, studiis linguarum recentium, maxime romanicis, operam daturus scholasque audivi virorum doctissimorum: Dilthey, Ebbinghaus, Hoffory, Meyer, Paulsen, E. Schmidt, Schwan, Tobler, Zupitza. Ibi triennium moratus Halas Saxonum ad literarum studia absolvenda transii, scholisque interfui virorum clarissimorum: Aue, Bremer, Doutrepont, Erdmann, Sievers, Stumpff, Suchier, Wagner, Wiese. Benevolentia Hermanni Suchier atque Albrechti Wagner mihi contigit, ut Halis seminarii romanici (II sem.) et anglici (III sem.) essem sodalis ordinarius. Quibus omnibus viris illustrissimis et optime de me meritis, imprimis autem Hermanno Suchier, gratias quam maximas habeo nunc et semper habebo.